感谢琳达·艾利（Linda Eley），
她对我的手稿进行了仔细的誊写。

Martin Manser

Successful Communication

沟通力丛书

Successful Business Communication

职场沟通力

[英] 马丁·曼瑟（Martin Manser）著
张思思 译

前言 | Introduction

在我们如今生活的时代，商业沟通的方式不断改变。几年前，我们的沟通方式仅有面对面、打电话、写信等。现在方式增多了，有电子邮件、网站、博客、脸书等。然而，另一个事实就是随着沟通方式的增加，我们的沟通效率却降低了。

你遇到过以下情形吗?

- 工作关系中同事间信任度很低；
- 信息量爆满，让人只见森林不见树木；
- 有些同事满口专业术语，令人困惑；

- 会议流程不清楚；
- 幻灯片演示内容有太多要点，但核心信息模糊。

而且，以上内容可以一直列下去。对工作各层级之间的无效沟通，我们都感同身受。那我们可以做点什么？这本书就是为工作中的我们提供一些积极的指导，使大家能更有效地沟通。你可能无法改变你所在企业或机构的运转方式，但是你可以改变自己工作的方法。

所以，接下来我们将探讨以下内容：

星期日：了解你的目标。你沟通的对象是谁？你的信息点是什么？你期待对方做何反应？

星期一：认真聆听。当同事们讲述自己面临的挑战时，你要认真聆听。你在聆听时，就展现了你对他们的重视。

星期二：写作内容清晰明了。充分思考你想表达什么。把想法组织起来，写封邮件或者报告的草稿，然后再编辑一下。

星期三：更好地组织会议。成功的会议秘诀在于前期筹备，尤其是举行会议的原因、参会人的确认以及你会议的话题。

星期四：做成功的演讲。充分准备，对你的观众和关键信息进行了解。如果有必要的话，准备一些有用的视觉辅助材料。

星期五：建立更好的工作关系。良好的工作关系是把组织凝聚起来的关键。你如何培养更好的工作关系呢?

星期六：有效参与网络沟通。利用多种社交媒体，搭建并维护网站和社交网络。

一周中的每一天都涉及不同的话题。每部分开头先简要介绍当天的内容；然后讲解重要的内容，包括原理、贴士、案例学习等；每天的内容结尾有总结、多项选择题，以此巩固学习的重点。

本书中我强调的原理是我几十年工作的硕果呈现：包括三十多年的商业经历，尤其是在写作领域的经验，还包括我十多年的商务沟通课程的经验。之前我所主导的活动上，参与者都有良好的反馈。他们说，“你给了我更多自信”“这次活动令人耳目一新”。因此，我希望读者们能按照书中所讲去体会、去做，那这本书将会是令人焕然一新的课程，为你带来自信，让你成为职场中更有效的沟通者。

目录 | Contents

Sunday

星期日

了解你的目标

Know your aims

今天，我们将要探讨：

● 沟通的基本目标：比起毫无目的的漫步，如果我们知道行走的方向，就更可能到达目的地。

● 不同的学习方法：本书的主题之一就是确保大家的沟通不是关注自己，而是关注沟通的对象。如果按照这样的方法，就需要确保我们的表达方式是最适合对方的。

● 你可以采取的多种沟通方法：本书的另外一个主题就是对于职场沟通来说，不仅仅是起草一封邮件然后发送出去那么简单。本章以及后面的内容都会探讨不同的沟通方式。包括星期一和星期五要谈及的“建立更好的工作关系”，星期二要涉猎的“撰写有效的报告和电子邮件”，星期三要谈论的“举办更好的会议”，星期四要探讨的“有力的演示”，星期六要谈论的“搭建网站”。

● 沟通的障碍以及我们如何克服这些障碍。

沟通的基础

通常，我做研讨会都是用快速记忆 AIR 法则开始的：

- 听众（Audience)
- 目的（Intention)
- 回应（Response)

小贴士

商务沟通不仅仅是起草一封邮件然后点击“发送”那么简单。

听众

“听众”指的是你想要沟通的对象。这儿的聚焦点不是你，而是你沟通的对象。这意味着：你问自己的问题不应该太多地关注“我应该说(写)什么”，而是关注“我的听众要听什么”。为了很好地回答这个问题，你要仔细考量谁是你的听众、他们对你的沟通可能做出什么反馈。

譬如，如果你写一份文件，文件的读者应该会影响你撰写的方法。你是写给老板看，还是写给对你所在单位提出投诉的人？在这两种情况下，你的表达方法是不同的。

如果是给你的上级发邮件，你仅仅提供他（她）所需的信息就行了：

> 你好，罗伯特：
>
> 《项目管理概述》在 2012 年的销售提升了 10%。我们已售出 3000 本，而且上个月又加印了 1000 本。
>
> 哈里

因为你的老板要快速获得信息，因此无须赘述。但如果你是在回复一起投诉，你的口吻就要不一样：

亲爱的布朗女士：

最近您对我们餐厅提供的服务不太满意，谢谢您不辞辛劳地写信与我们沟通。您认为我们的服务令人不满，我感到十分抱歉。

我核实了您提供的细节。10月3日，您光顾了格兰彻斯特餐厅，那个接待您的员工是一个临时工，他不熟悉我们公司对所有员工服务质量都有极高要求的政策。

现在我们已采取了必要的措施，确保此类情况不会再发生。

再次感谢您的来信，请相信我们始终立志为顾客提供高标准的服务。

您诚挚的约翰·达科沃斯

看出来区别了吗？给老板的这封信简短明了，回复投诉的这封信内容有所延展。最根本的是：后者的语气要柔和得多。

所以，你要知道你的对象是谁。当我在准备谈话时，我总是会假想听众当中有一两个我熟悉的人。我会推测他们如何接收我的讲话内容，他们现阶段的理解能力，以及谈话结束后我希望他们达到的状态。

目的

我说的“目的”指的是信息，就是你想要传递的关键内容。在上述例子中，向你老板陈述的关键内容十分简洁；对投诉的回复是要缓解对方的怒气，说你已经调查了此事。

对于如何确定沟通的目的（核心信息），你可能会发现有点儿难度。

可能你自己都不知道沟通的目的。如果真是这样，那你就要认真思考。例如我的个人网站最近瘫痪了，我也没有其他的网站。所以这让我开始想：我的网站建立的目的是什么？我是单纯想让人们了解我、我的服务，然后通过我买书或者进行咨询吗？仔细思考，直到你可以确定精确的核心信息。在星期二那天的内容，我们将对思考、心智导图以及思维导图等重要问题进行深入探讨。

你的信息清晰明了吗？如果你觉得它不够清晰，那么对于其他人来说它就更不清晰了。在我的一个课程上，我发现一份文件的核心信息是由 67 个字组成的一个句子，而这句话居然在文件结尾处的一个括号里面。

即便你明白自己的核心信息，你可能还是需要对背景信息进行一些解释。

小贴士

如果你对自己的核心信息都不够清楚，那么对其他人来说它就更难明了了。

引入变化

丹顿制造公司雇用了约翰，请他为公司带来改变。公司里有一种文化："我们一直是这么做的，我们为何需要改变？"公司传统的视野意味着它可能会被更小更新的公司迅速超越。在一个非工作日，约翰把总监和资深员工召集起来。他的第一个任务是让同事看到目前工作方式的劣势，生发出对现状的不满，然后引发他们渴望改变的动力。因为约翰已经清楚地确认了主要信息，他就可以把这当作“引入变化”的第一步。

回应

对于你所沟通的对象，你想让他做何回应？有时候我们事先过多地研究自己要讲话的细节，而忘了我们想让听者做何反应。你给对方写信，有可能仅仅是为了知会对方一些事情，而更有可能是你想让他们做出决定。

要他们如何反应表达得很清楚了吗？你想让他们下一步做什么？例如，假设你要撰写一封募捐的邮件，你需要交代清楚以下内容：读者能去哪个网站募捐？如果有必要，还要给出银行账户信息，以及募捐者可以如何用物品来捐助。

不同的学习方法

每个人都不相同。如果我们想与一群人进行有效沟通，我们就应该聪明一点儿，去发现他们喜欢的学习方法。

- **视觉：**这类人喜欢看到文字、图画或者图形，以便更好地吸收信息。
- **听觉：**这类人喜欢通过听觉来获得信息。
- **运动感：**这类人喜欢通过积极地实战来学习，譬如角色扮演。

对你来说，如果能发现自己的个人偏好，是很有用的。我就更偏爱视觉与听觉学习，而非运动感。在此，我们要质疑你的预判——别人学东西的方法和你的方法一样。你需要记住，别人的学习方式与你不同。为了成为一个高效的沟通者，你需要注意沟通对象的学习风格。

你可以从对方的反应中察觉他们的风格，然后，你至少可以使用以下词汇作为他们不同风格的标志。譬如说：

- **视觉：**看、观察、图画、关注
- **听觉：**听（我听到你所说的了）、嗡鸣声、摇铃
- **运动感：**感觉、具体、抓得住要领、接触

不同的沟通方法

你可以利用你对不同学习方法的了解找到最好的沟通方法。为了更有效地沟通，你需要根据听众

的特点量身定做你传递的信息。由此，我们可以发现，电子邮件并不适合所有人。对于听觉类型的受众，打个电话可能更有效；对运动感类型的人，一个将建议转化为行动的会议更有效。

我们可以进一步地发掘部分类型的不同之处。譬如说，对于视觉类的学习者，有些人对文字反应强烈，有些人则是对图画或图表反应更强。这一点有重要的寓意。用两个例子来说明：一个是，如果我要用幻灯片来做一个演示，我就不会仅仅用文字把标题表述出来，我还会努力找一些能够形象地涵盖关键信息的图片。这样会十分耗费时间，但是我确定值得这么做。例如：一幅展示拱壁支撑起教堂的图片可以传递出“强化、确定”的信息。另外一个例子是，在准备地图的时候，不仅要给出方向（在A21 道路上行进 8 公里后，在环岛处左转……）还要给出一张用线条描绘的图。

以上两个例子中的两种方法（文字和图画／图表）反映出一个现实：一种方法（文字和图画／图

表）对一部分人来说有吸引力，对其他人则不然。比起使用一种方法，我希望通过对两种方法的结合，触及更多的受众。

建立一个非正式协议

彼得委托大学里的几个讲师来给自己供职的出版公司写一系列的书。当他给这些作者发邮件后，很快发现一些人回复了邮件，但有些人没有回复。后来他约见了一些作者，这些作者都是他将紧密合作的人。于是彼得有意和他们建立了一个非正式的协议。他问对方更喜欢哪种沟通方法（电子邮件还是电话）。如果更喜欢电话沟通，那他们愿意哪一天、哪个时间接听电话。了解这些信息意味着彼得因对方不回信而产生的沮丧情绪比起之前明显减轻了。如此一来，他与这些作者的沟通就更有效了。

邮件对于交流信息、快速查看信息、快速达成一致意见来说十分有用。然而，对于建立良好的商务关系来说，电子邮件就不够强大。关于邮件撰写方面的更多信息，请参考星期二的章节。

电话对讨论来说很有用，因为你可以立即察觉出对方是否理解你所说的信息。然而，除非你有过滤筛选来电的方法，不然电话会打乱你的工作。所以以下是有用的方法：提前协调好通话时间；拨通电话后先问一下对方："您现在方便说话吗？"

请注意，在进行电话沟通时，你的情绪通常都能被对方察觉。所以当无法和对方见面时，我们会在脑海里描绘对方。所以要尽可能地传递你的热情，通常推荐的方法是在通话时要面带微笑。

还有一种有用的方法是在电话沟通前先给出此番谈话的范围，例如："雷，我想今天咱们要讨论三个话题。"除非涉及敏感话题，否则就要先讨论最重要的事，以防哪一方没有时间或者不能完成沟通要尽快结束通话。如果有敏感话题，可以先探讨次重要的问题，然后再切入更微妙敏感的内容，以此轻松解决问题。

在进行重要的电话沟通前，先把你想要讨论的要点写下来。想想我们有多少次没有这么做，导致挂断电话后才意识到还有重要的事忘了讨论。

如果你是想劝说同事去做什么事情，那在你拨通电话前先列出他们有可能提出的反对理由，并列出相应的解决方法。这样的话，你对他们的回答就会有所准备。

不要害怕在电话沟通中停下来总结一下。例如，可以在谈话期间说："好的，数量和交付日期我们已经达成共识，那接下来让我们讨论一下价格。"

面对面开会的成本更高，但是在商业中不可或缺。我们在给遍布全球的同事发邮件、打电话的时候，很可能已经在脑海里想象了他们的音容笑貌、行为举止，但等到有机会与他们碰面时，我们可能发现之前的认知都错了。在这种情形下，大家会说："把人和名字对上了，真好！"面对面的会晤往往可以提供更多非正式关系的建立机会。譬如，在一个早晨的间歇时或者在午饭时，我们可以聊聊同事的家庭、假期安排等话题。关于会议的更多信息，请参看星期三的内容。关于建立更好的工作关系，请看星期五的内容。

沟通中的障碍

在本章节的结尾，我们来看看有效沟通中的障碍。

什么是有效的沟通？我通常这么描述：

A（三角形）——►B（三角形），而不是正方形、圆形、折线

以上描述的是：A想传递三角形代表的内容A，我们希望B接收的信息、理解的信息都是这个三角形，而不是一个正方形、圆形或是残缺的三角形。

那么，是什么阻碍了有效的沟通？哪些是良好沟通的障碍？如何清除障碍？我们需要注意以下要点：

- 你的陈述没有重点、不清晰、模糊。解决方法是：充分准备，确保清晰和精准，参看星期二和星期四的内容。
- 你提供的信息太少了。解决方法是：更好地了解你的听众，然后提供对方所需的足量信息，以便他们做决定。
- 你提供了太多不必要的细节以及过多的信息。解决方法是：更好地了解你的听众，然后提供对方所需的足量信息，以便他们做决定。
- 你使用了难以理解的词汇和短语。每一个行

业都有自己的术语和缩略语。解决方法是：使用听众能理解的词汇短语。

● 你的沟通对象显然不能够用你的语言进行沟通。解决方法是：将你要说的内容简单化，参照星期二和星期四的内容。

● 不精准的信息降低了你沟通的权威性。解决方法是：事先核实你援引的事实。

● 你对某几个人抱有负面情绪，譬如说你认为他们很粗鲁或者很木讷。我们用星期一和星期五的内容来解决这个问题。

● 你对人缺乏信任：对方的话听起来是对的，但是你并不信任他。信任感的获得以及维持，并不仅仅依赖于对方的知识和专业度，同样还来源于你与此人的关系。参看星期一和星期五的内容，了解如何解决这问题。

● 你所在公司或组织的政策（或流程）也可能阻碍良好的沟通。例如，我最近听说一个机构组织会议，他们的管理层在会议举办前三周才向员工公布演讲人信息和其他重要细节！

● 商业环境中的正式沟通渠道不够清晰，所以同事之间依靠非官方的沟通方法（“小道消息”），这会传递流言，而非事实。解决方法是：对于沟通要确保有更坚定甚至更开放的态度。参看星期一和星期五的内容。

● 时机不对。譬如，对于一个需要谨慎思考的重要问题来说，要在一个合适的时间请大家做决定。解决方法是：找出并策划好合适的时间。

● 你的肢体语言与你所传递的信息相冲突。例如，你可能试图要表达友善的信息，但是你的眼神可能缺少交流沟通。参考星期四和星期五的内容。

● 在会议当中，你让讨论时常跑题。关于这个问题以及会议中的其他不足，请参考星期三的内容。

总　结

今天我们探讨了沟通的基础。其中，很重要的是你要明白 AIR 法则：听众（你所沟通的对象），目的（你想要传递的信息），回应（你想从对方那里得到的反馈）。

在考虑听众的反馈时，我们要考虑对方最佳的学习风格。我们分析了视觉类、听觉类、运动感类三种风格。它们可以作为我们选择最佳沟通方式的基础。

跟进练习：

1. 回想一次你参与其中的有效沟通。为何它是成功的沟通？

A：听众：你在和谁沟通？

I：目的：你的信息是什么？你想说什么？

R：回应：你收到了什么反馈？

为什么这次沟通成功了？你是如何得知的？

2. 回想你参与其中的一次失败沟通。为何它没有成功？

A：听众：你在和谁沟通？

I：目的：你的信息是什么？你想说什么？

R：回应：你收到了什么反馈？

为什么这次沟通失败了？你是如何得知的？

小测试

1. 停下来想一下，你到底想要说什么。这件事：

a）太奢侈了 ☐

b）不错 ☐

c）很重要 ☐

d）浪费时间 ☐

2. 有效沟通需要：

a）一致性 ☐

b）非计划 ☐

c）即兴表演 ☐

d）思考和规划 ☐

3. 回想沟通的基础要素，字母 AIR 代表：

a）缩略语、图像、声望 ☐

b）活动、信息、反省 ☐

c）听众、目的、回应 ☐

d）附件、互联网、接收 ☐

4. 搞清楚沟通的对象，这件事：

a）很重要 ☐

b）浪费时间 ☐

c）没必要 ☐

d）很重要 ☐

5. 你要沟通的信息应该：

a）模糊 ☐

b）清晰 ☐

c）令人混淆 ☐

d）有歧义的 ☐

6. 你正要发出一封邮件，但是你忘了考虑你所期望的反馈。现在你应该：

a）点击发送，因为你知道如果对方想要进一步挖掘的话，他们会回信的 □

b）在点击发送之前重写邮件 □

c）寄希望于对方不要注意到 □

d）明天再向上级汇报此事 □

7. “大家的学习方法和我一样”，这种看法是：

a）总是错的 □

b）总是对的 □

c）有时候是对的 □

d）有时候是错的 □

8. 在商务沟通中，邮件是最好的方法。这个判断是：

a）总是对的 □

b）有时候是对的 □

c）错的 □

d）对的 □

9. 进行商务电话沟通，对于 ______ 很好：

a）社交 □

b）找出竞争对手 □

c）搭建更好的工作关系 □

d）仅在你电子邮件不能使用时 □

10. 如果团队中有人说：“要实现有效沟通的障碍太多了。我感觉我现在就要放弃了。”你应该如何回应？

a）“好的，早点离开，不要回来。” □

b）“抱歉，你说什么？” □

c）“我会好好想一下，一会儿回来找你。” □

d）“不可以放弃。这些障碍正是我们要善于倾听、搭建良好工作关系并努力工作的原因。” □

Monday

星期一

认真倾听

Listen carefully

说到沟通，我们通常很快会联想到说或者写。然而，在我们考虑以上两者前，要记住：沟通不能孤立于内容而存在。我们在某些情况下要发言或者写作，但仔细倾听必须先于说和写，这样我们才能让说和写变得有效果。

由此，今天我们要考虑的是：

- 倾听的重要性
- 如何更聚精会神地倾听，聚焦对方所说的内容
- 帮助我们有效倾听的步骤

和说、写这两类输出性技巧不同，倾听是输入性技巧。稍后我们也将探讨另一项输入性技巧——阅读，并且本章还将提出建议，如何提高阅读文字和数据的技巧。

聚精会神地倾听

今天关注的是在面对面关系中倾听的作用。作为一个管理者，大家期望你能认真地倾听：面对老板，他部署你的工作；面对同事，你们谈论工作；在会议上你还要讨论一系列的话题，并做出决策（请参看星期三的内容）；面对应聘者，你要解决问题还要用电话沟通（回顾星期日的内容）。

倾听是一件难事

为什么倾听很难，有很多原因：

- 我们总是关注自己要说的内容。相反，倾听要求我们关注他人，并跟随他们的思路。
- 讲话者讲得不清楚、语速过快或者不断重复。
- 讲话者的母语不是英语所以他说的不是标准英文。
- 我们可能没学过如何倾听。我隐约记得学校的课程教我们阅读、写作和说话，但是我不记得我学过倾听。（要么就是我上课时根本没听到相关内容！）

然而，倾听真的是一项十分有价值的技能。你是否曾经有这样的感受：你感觉被某件事压得喘不过气来，然后你敞开心扉，向别人倾诉衷肠。最后你感觉到如释重负，对对方说："谢谢你听我说话。"

小贴士

倾听远远不止于听

倾听的重要性

倾听

- 能关注他人。通常，在别人说话的时候，我们是在关注自己接下来要说什么。
- 能认可说话者的价值，承认他们作为个体所拥有的权利。这样你就能理解他们的出发点，以及他们工作和说话的方式为何如此。
- 能帮助理解说话人的立场。譬如，如果你在试着向客户推销商品，你想和他们建立良好的关系。通过倾听，你可以察觉出他们当中谁感兴趣，谁不感兴趣。这样一来，你就可以更有效地利用时间，把焦点放在潜在客户身上。
- 能鼓励你提出正确的问题。当你关注他人（而非自己）的时候，你就会想了解更多的东西。我们可以区分出闭合问题和开放式问题：

1. 闭合问题：可以直接用“是”“否”来回答的问题。“这个项目晚了吗？”“是的。”“今天下午 5 点之前你能否给我这个数据？”“不能。”

2. 开放式问题：可以让大家交流的问题。开放式问题通常以“为什么、怎么样、谁、什么时候、什么地方、什么事情”来开头。“为什么你会认为此项目延误了？”“因为对于客户当前所需的工作，我们没有计划好并留出充足的时间。”作为管理者，你提出的问题大部分都应该是开放式问题。

- 意味着你不仅仅是在听这个同事说出的话，还可以通过敏感地捕捉肢体语言、语音语调来理解他们的反应。
- 让你理解话外音，知晓隐藏的信息。例如，你的回应可能是：“所以我猜你想说你需要他人的协助以便准时完成工作。”

● 让你能够辨别事实和观点。你听到的内容包括两者，但你可以分辨哪些是客观信息，哪些是基于客观信息的主观想法。这样，你就能够评估别人的发言。

● 让你能够收集信息，然后更高效地解决问题并做出决策。

● 建立人与人之间的信任感。你表现出你真的对对方感兴趣，这样可形成与他人良好共事的基础。倾听通常都会增进人际关系，让对方能够坦言自己的困难，并且在倾诉后感到释然，而不是感到愈加紧张。

● 提供全方位提升人际关系的机会。例如，如果一个同事说：“明天我要休假了。”你要么忽略这个信号（但是忽略本身就有点不够礼貌），要么可以将此当作对方想和你交流更多内容的信号。“太棒了，你要去哪儿度假？”“香港。”下次你再见到他的时候，你就可以问他：“香港怎么样啊？”

● 可以解决分歧。如果同事之间产生了冲突，如果能倾听并理解对方的观点（不一定是同意他们的观点），就迈出了解决分歧的重要一步。

● 帮助你更好地了解别人。当你仔细倾听一个人讲话的时候，你会更了解这个人：他们重视什么，他们如何思考，他们感受如何。

最近有个精神几近崩溃的同事告诉我，她想回澳大利亚，这透露了她的很多信息：她渴望从目前的紧张状态中释放出来，回到从前更轻松的环境。这些信息可以帮助你更好地与人共事，即使你并不喜欢他们或者不同意他们的观点。

苏西生气了

苏西生气了。每天她都为了完成项目任务而工作到深夜，但是她感到自己的工作并不被赏识。直到有一天来了一位与她一起工作的新同事简，情况才发生了变化。简在自己的工作之余很少关注自己（她工作做得很棒），反而很关心周围的同事，她愿意停下工作倾听苏西的心声。苏西眼里充满泪水，向简敞开心扉，倾诉自己正在承受的压力。谈话结束时，苏西对简说："谢谢你听我诉说，你是第一个让我可以说这些事情的人。"

关于更好地倾听的贴士

以下是可以帮你提升倾听技巧的方法：

- 敢于承担责任。你要意识到倾听是一项积极主动的技能，是一项有难度的工作，所以你要专注。譬如，当我首次见到某人时，我要特别注意听他的名字。如果我听清楚了，那我就要再重复一遍。打个比方说："很高兴见到你，尼克！"如果我没听清楚，我就说："对不起我没听清楚。"如果这个名字比较生僻或者难以拼写，我就可以问："你可以告诉我怎么拼写吗？"（我第一次见到我妻子的时候，我拼对了她的名字，而且我是第一个拼对她名字的人！）

● 关注他人，而不是你自己。别人在说话的时候不要试图打断对方。停下自己手头的事情，真正去倾听对方在说什么，并和对方进行眼神交流，对别人产生兴趣。也可以用你自己的语言阐释对方的话，以此帮助你在脑海中明确对方话语的含义。例如你可以说："所以您的言下之意是我们应该安置更多的高效监控。"诸如此类的过程叫作"反馈式倾听"。

● 愿意接受别人的解释和观点，而且愿意承认自己也会做错假设或者也会有偏见。

● 如果你做出的快速决策是基于别人的外貌、演讲风格以及性格产生的第一印象，请不要太过苛刻。

● 判别别人话语中的重点。有时，说话的人有可能没有把话语组织好。通常情况下，非正式谈话或会议中比较难辨别事实、观点和想法，但你还是要努力去找出说话者的主要观点。

● 集中注意力，即便别人不这样做，不要精神涣散。

● 在可能会有遗忘的情况下，如果你需要记住别人讲话的内容，就需要做笔记。这样可以帮助你集中精力，避免“一只耳朵进，一只耳朵出”。

● 不要害怕沉默。沉默也是谈话的一部分，它可以：

1. 作为一个连接点：谈话的方向将转向哪里?

2. 作为一个讨论的机会，大家可以消化一下前面所谈的内容。

3. 作为一个让他人进一步表达观点的机会。

4. 作为一个回顾先前内容的机会。

更有效地阅读

截至现在，我们一直在探讨倾听。沟通中的另一个接受性技巧就是阅读。作为管理者你要阅读大量的内容，例如电子邮件、报告、网站、专业文献、合同以及技术手册。

如何阅读?

停下来回想一下你阅读的方法，会对你有所帮助。你是否有下列情况出现？

- 阅读时在头脑里默读文字。
- 要读每句话中的每个字。
- 很快地浏览全文，找出重要的部分然后再回头去阅读这些部分。
- 遇到不懂的地方就停下来，所以阅读长篇内容速度就很慢。

以下是能帮助你更有效阅读的一些要点：

- 阅读特殊内容时要确立一个目标。你是想要去快速查询一个事实、了解全文大意、获得某个主题的细节信息（譬如为了做一个报告或演讲），还是想要评价作者的观点和看法？

● 阅读的速度取决于你所读内容的类型。对于重要的或者比较难的部分就多花点时间，反之则用少一点的时间。

● 阅读时尽量不要用嘴读出来。因为那样不仅会让你的速度变慢，而且会让你将精力聚焦在文字上，而非文字的内涵。

● 扩大阅读量。（在学校时，我们经常被鼓励要扩大阅读量，但是我并不记得鼓励这么做的原因。为何开卷有益，请参看本段落。）不要只为了工作而阅读，读份报纸或者杂志（印刷版和电子版都可以）。如果你所读的内容对你有吸引力，你就更有动力去读，它对你的帮助也越大。选一篇文章，第一次读是为了找感觉，第二次读就要看看文中的遣词造句。最近我和一位对介词使用掌握不太好的学生一起读文章，然后勾画出“调查的结果”（of the survey）、“犯错”（at fault）、“为谁负责”（responsible for），掌握了部分介词。几乎是在不自觉的情况下，你就会学到很多单词和词组。遇到不懂的单词，你可以查查字典（可以用纸质版或者电子版）。

- 对于一些重要的工作，你要把所读内容做一些笔记（可参看前面讲倾听时做笔记的内容）。有一种特别有效的方法：用自己的语言总结作者的观点。

● 如果你想更仔细地阅读某个部分，那就可以：

1. 先查询目录、章节或者索引，浏览整篇文章以此了解全文大意。当你这么做了，你就会发现文章的关键词和关键句。

2. 寻找标志词：包括前言、结论部分，以及“首先”“再次”等词汇；注意段落开头，譬如说“一方面……另一方面……”这样的表达。这些标志词会让你看清楚文章的结构，帮助你理解。

3. 关注关键词以及更重要的关键短语。没有必要把精力集中在一些功能性语法词汇上，例如 the、of、has、be，而是要关注重要的词。

4. 在头脑中复述关键要点，可以输入电脑里或者写在纸上。用自己的方式表达作者的核心观点，这样会帮助你理解内容。

5. 思考一下作者的论断：你同意还是反对他的论断？文章中是否有假设性内容是你不赞同的？提出相关问题，看看是否都能找到答案，关键在于让你的大脑参与进来。

6. 在阅读结束时，看看你是否可以回忆起要点，如果能向别人阐述这些要点就更好。你甚至可以过一段时间以后再回顾一下，看看自己是否还能想起来。

以下内容描述的是项目收尾时的评估阶段。阅读中所需关注的关键词和短语用粗体字表示：

理清你得到了什么。尤其要**列出**你输出了什么成果：

- 项目建立在一个**坚实的基础**上。
- 你从**项目赞助者**那里得到了**有力的支持**。
- 你输出了关于**产品或服务**的**预期成果**。
- 这些**成果达到质量标准**。
- 对比**原先的预算**，**实际成本**在**合理范畴**之内。
- **投资回报率**很好。你的公司从项目中获取的**利润**比投入的**成本大得多**。
- 对比原先的**时间表**，**实际用时**在合理范畴之内：你**按时**输出了成果。

● **良性的流程管控**可以**有效地追踪、监控成本和时间**。

● **客户/用户**以及其他利益相关者对**项目成果满意**。

高效阅读以及良好的时间管理

作为一个经理人，莎拉在阅读方面是一个有条不紊的人。她每天只查看几次邮件，有重要问题就及时处理。她不会去看垃圾邮件，而是直接将其删除。

通常星期五上午她收到的邮件比较少，她就利用这个时间段来阅读相关资料，这些内容能帮助她更高效地工作。这种阅读不紧急，却很重要。

星期五过后因为要过一个轻松的周末，下午她就阅读一些不紧急但很有用的信息。这些内容和她的工作不直接相关，但这些信息能让她与行业趋势保持与时俱进，让她的专业知识得到拓展。

当然，有时候会有十分紧急的事情发生，意味着她不能总是按照计划的时间来做事。在这种情况下，她会灵活处理。通常情况下，莎拉都能安排好充裕的阅读时间。这样的安排有用且重要，能让她很好地做好时间管理。

阅读数据

以下是帮助你阅读并理解表格数据的一些建议：

● 查看基础信息：日期、使用的资源、比例、数据的含义。譬如说，如果这些数据代表了一个样本，那这个样本有多大？

● 这些假设合理吗？有没有一些数据被忽略了？为什么？查看术语的定义，它们有理有据吗？如果有百分比，那这是什么的百分比？

● 看一行或者一列内容，思考它们的含义，以此理解数据。

● 比较列与列的数据，看看是否能发现数据中的规律。考虑有无趋势体现：数据有没有展现上升或下降的持续态势？譬如说，实际开支是不是始终超出预算？

● 考虑平均值。计算某一行或某一列的平均值，看看是否有变化或者有特殊情况。试着找出出现这些变化的原因。例如，因为工资收入的高（低）或者不同程度的就业情况导致了数据变化。

● 阅读数据附带的文字，看看自己是否同意它的观点。对此类表达一定要特别谨慎——“重要突出的”“这些数据显然展示了”。

● 如果你对于数据推测方面比较有信心，需要推测一个趋势的话，要谨慎一些。

总 结

今天我们探讨了倾听和阅读，两者都是沟通当中的接受性技巧。提升你的倾听能力意味着：当你讲话时，你会更了解你的对象，可以选择更准确的词汇，从而实现更有效的沟通。

提升你的阅读技巧意味着你将了解为何要阅读一个特定的段落，然后你可以更合理地安排阅读进度。

跟进练习：

1. 询问你的同事，他们是否认为你是一个好的聆听者。倾听他们的反馈。

2. 回忆最近一次发生的工作上的谈话。你是不是忙着考虑自己要说的内容而没有认真倾听对方讲话？

3. 你可以采取哪些步骤来提升倾听的能力？要找到适合自己的做法。

4. 今天的内容有哪些对你来说是新鲜的？之后你将要采取什么措施提升自己？

小测试

1. 倾听的关键技巧是：
a）看着对方的脸 ☐
b）思考你想说什么 ☐
c）关注对方说什么 ☐
d）看着地板 ☐

2. 好的倾听会：
a）把人际关系弄得更糟 ☐
b）激发争论 ☐
c）让人放松 ☐
d）建立更好的工作关系 ☐

3. 倾听是：
a）容易的。所以我当上了经理 ☐
b）一件苦差事，但回报很好 ☐
c）不值得去做 ☐
d）有用的，如果你有时间去做 ☐

4. 当我很好地倾听时，我会：
a）可以发现对方沟通的重点 ☐
b）感觉特别混淆 ☐
c）很容易分散注意力 ☐
d）打扰别人 ☐

5. 倾听 ________ 提供基础：
a）为我向愿意聆听的人表达自己观点时 ☐
b）指引我更准确地表达 ☐
c）为我决定午餐吃什么 ☐
d）让我找出我喜欢谁、不喜欢谁 ☐

6. 当我阅读时：

a）我读什么都很快速 ☐

b）我读什么都很慢 ☐

c）我先确定我为什么要读这个内容，然后以此为基础来策划我的阅读方法 ☐

d）我问自己为什么必须要读 ☐

7. 为了确保我可以理解一个较难的段落：

a）我心怀希望地快速浏览 ☐

b）我心怀希望地慢慢读 ☐

c）我用心阅读，尽管我不确定自己理解了大意 ☐

d）我做笔记，用自己的话总结作者传递的信息 ☐

8. 在阅读时，我关注：

a）为何我不同意作者的观点 ☐

b）段落的中间 ☐

c）重点短语，尤其是段落开始部分 ☐

d）页码 ☐

9. 为了拓展专业知识，我______阅读那些在我专业之外的信息。

a）从不 ☐

b）绝不读，我太忙 ☐

c）经常 ☐

d）很少 ☐

10. 当我阅读表格中的数据时：

a）我关注在每列之间有什么规律 ☐

b）我绝望地迷失在数据之间 ☐

c）我从不看数字 ☐

d）我总是依据数据推测未来的事 ☐

Tuesday

星 期 二

写作内容清晰

Write clearly

清楚地表达自我是有效沟通中的重要部分。今天我们将来探讨写作时有哪些步骤可以让你清晰地表达自我。

首先，我们将会学习写作的主要原理，这主要是为了写较长的文案。然后，我们将会学习特定的写作方法，包括电子邮件、商务信件和报告。

我们可以把写作过程划分为几个步骤：

- 思考
- 组织
- 打草稿
- 修改草稿

重要的是你需要注意这些不同的步骤。写作不是简单地把头脑里想到的第一件事情用键盘打出来，然后点击“发送”就可以的。

写作过程

思考

想一想，你想写什么？有一个好的办法可以帮助你前期思考要写什么。这个办法就是画一个导图（也就是思维导图）。找一张空白的 A4 纸，水平放好，把写作的主题写在中间。（是写一个词或几个词，而不是整个句子。）你可能觉得用铅笔会比较好，因为可以在必要时擦掉重写。

现在开始围绕着主题把脑海里想到的其他关键内容都写出来，这些有可能是你阅读之后的结果。你不用把想法完全按照重要性排序，只要写下来即可。刚开始的时候，也不需要用线条把相关项目连接起来。

如果在某一点上卡住了，你需要问问自己：为什么、怎么样、什么、谁、什么时候、什么地点、什么事。这些提问词可以帮助你思考。

当我这么做的时候，我常常惊讶于：首先，这个任务太容易了，感觉不像在工作！观点和概念都同时很自然地浮现出来。其次，这张画图的纸多么有价值。我已经捕捉到所有（或者至少很多）关键内容。我不能丢了这张纸！

一个为了购买电脑系统所做的思维导图，示例如下：

——用户：
公司哪些部门会用到这个系统？
——财务部门：
他们会换新系统吗？
他们6个月前刚换了新系统
——支出：
预算
和财务总监核对数据
——时间计划：
应该在×月×日前完工
——地点：
在公司的两个办公地点
——科技部门：
谁能搭建这个新系统？
谁能安装这个新系统？
"新的电脑系统"
——老系统：
不断崩溃
安全性呢？
软件过时
运行速度慢、持续出问题
——电脑类型：
手提电脑、iPad、最新科技、计划用多久？
——和企业内网的链接
——网站维护
——安全：
隐私政策

组织

当你完成了思维导图指导下的思考过程，还有两个进阶的步骤才能开始写作。最好能够按照下文的顺序来做。但如果你觉得有困难，那就先做第二步，再做第一步。

第一步：提炼你想沟通的关键信息。

这个工作需要花点时间。如果你觉得有困难，至少可以先删除一些不重要的信息。例如，如果你是分析一套老的电脑系统的弊端，那比起这个系统的严重问题、老旧过时、不能满足预期目标，一些具体的软件技术细节就不是那么重要。

确定关键信息时，你也需要考虑你的读者和他们的反馈。举例来说，如果你是给财务总监写报告，你就要呈现财务数据（譬如支出、投资回报）。然而，如果你的财务总监已经同意安装新系统，你要给研发部门的同事写报告的话，你的方法就要有所不同。你的关键信息可能是这个新系统的功能以及它和老系统相比的优势。

第二步：组织信息。

换言之，你需要用特定的顺序重新安排思维导图里的信息。本文的目标是用最恰当的逻辑方式展现沟通内容。这些逻辑方法包括：

1. 根据重要性排序，最重要的内容放在第一位。

2. 比较优势和劣势。

3. 从不同角度分析一个方案：政治、法律、社会、经济、金融。

4. 按照时间排序。

打草稿

现在你已经做好了思维导图并用恰当的顺序组织好了想法，那接下来就进入写作的实质性阶段了。

现在要开始写以下内容：

- 前言部分：解释你为何要写这篇文章。
- 文章的主体部分：包括事实、阐述和其他相关信息，同时也包含你对信息的理解。
- 结论：对关键信息进行总结，对你提出的问题做个收尾。

不要忽略你前期做的那些准备，你要把它作为基础。

让我们来看一个文章的主体部分的例子。譬如说，在你的思维导图上这个部分的内容是：

老系统：
- 不断崩溃
- 安全性呢？
- 软件过时
- 运行速度慢、持续出问题

如果作为打草稿的基础，以上内容这么写是可以的。但是作为报告的话，你需要将这些关键词变成句子进行阐述。

我们现在把它设想成文章中的一个段落。“老系统”是不能做标题的，所以你要写成“现存系统的缺陷”。当考虑这个主题的时候，你就会意识到关键点在于“现存系统于10年前安装，现在已经被许多新技术超越了”。所以你可以把这个句子当作段落的第一句（这就叫作主旨句——意在用一句话概括整个段落的内容）。

然后你就可以补充段落的其他部分，在原架构的笔记格式基础上延展，用句子来表达你的想法。

如果你不确定要写什么，那就不断地问自己：“我想要说什么？”如果能找个人来讨论（不使用电子邮件）就更好了，这样可以帮助你提炼自己想要说的内容。接下来我们可以把这段用草稿写出来，带数字的内容探讨的是写作过程中需要注意的几个方面，在本章结束部分有更深入的解释。

现存系统的缺陷

现存系统于10年前安装，现在已经被许多新技术超越了。现在的[1]系统也发生过很多故障[2]，给众多同事带来了极大的不便[3]。即使[4]现有系统的运行正常[5]，反应也已经非常缓慢，还经常卡住[6]。并且[7]，在处理大量数据时，现有系统出现了一些错误，还丢失了部分数据。系统的某些方面的安全性也备受质疑。

注：

①不要重复说“现存的”（existing），我选择用“现

在的”(present)。查分类词典，学会运用近义词。

②我认为“死机”（crash）这个词用在报告中太不正式了。我查字典换了一个词（failures）。

③我夸大了电脑故障的影响。

④“即使”起强调作用，也暗示这是在现有状态下的一个让人意外的情况。

⑤我本想用“能正常工作”（running smoothly），但还是觉得太不正式了，于是换成了“运转正常”（functioning well）。

⑥我本想用电脑“僵住了”（freezing），又觉得太不正式了，于是查字典换了一个说法——“卡住”（locked）。

⑦“并且”（moreover）引出另一条相似的理由，这是我在写作时突然想到的补充理由，所以我加上了这一条。

修改草稿

写完第一版草稿后，你还要回头去修改。这个步骤的目的是为了确保你写的内容清晰明了，并且也是你想表达的。当我要去修改文件时，我先看已经写了什么，然后再看漏写了什么。第一版草稿有没有忽略议论中最关键的内容呢？或者，你会发现自己写了太多不重要的内容，而对于重要的内容笔墨不够，此时就要重新平衡一下。不能不加以修改，不能认为问题会自己解决，也不能认为读者注意不到论述中的弱点。

以下是修改文章的贴士。你要检查你所写的内容是否符合以下要求：

- 精准。

1. 检查内容。例如我们收到了一封电子邮件，邀请我们出席 9 月 14 日（星期二）的一个会议，但我们发现那天是星期三。结果就是很多同事要花宝贵的时间回复邮件，再次确认开会的时间。如果一开始发送邮件的那个人能够在发送前就核查细节就好了。

2. 检查数字，譬如一个列表里的百分比数字总和应该是 100%。

3. 检查标点符号。譬如顿号和逗号都使用对了吗?

4. 检查拼写。关注那些你经常拼错的词。如果你的报告里有最简单的拼写错误，例如“它是”（it’s）和“它的”(its)，“效果”(effect) 和“影响”(affect)，“的”（of）和“离开”（off），“主要”(principal) 和“原理”(principle)，如果用错了这些易淆词，你所表达的信息就会失去可信度。

● 简明扼要。你可能听过这句话：“我给你写了一封长信，因为我没时间给你写封短的。”一个句子应该有 15 ~ 20 个单词。如果一个句子超过 25 个单词，读者就会难以理解整句的意思。所以，我们要修改—缩写—把一些对论述没有重要意义的内容删掉。

英文单词horse(马)与house(房子)发音相近。——译者注

● 清晰。你的信息整体上清晰吗？如果你自己觉得不够清晰，那对读者来说也不可能清晰。

● 针对你所使用的媒介选择恰当的语言。

1. 观察你写作时的基调。在正式写作中容易有非正式的倾向。例如，如果你描述一个项目经理的角色，你可以说他要有“玩转很多球”（keep many balls in the air）的能力。但是这样的语言在正式报告里就不合适，所以你应该说“同时处理多项任务的能力”（tackle a wide range of activities at the same time）。还有一种不正式用语的倾向就是用“必须”（must）代替“需要”(need)，用“终止”(terminate)代替“停止或结束”(stop /end)。重要的是：你要了解你的读者，写作的时候要想着读者。

2. 最近有一种写作趋势是使用连续的名词。但是更有效的沟通方法是使用更多的动词。比如说，“维修记录的考核发生了”（an examination of the maintenance records took place）的表述就不太合适，应该更好地表述为“维修记录被考核了”（the maintenance records were examined，被动语态）。或者，比后者更好的方法是说“管理者考核了维修记录”（the manager examined the maintenance records，主动语态，并且说明了是谁来执行的考核）。

3. 有时候语言可以被简化。“爆破之后的影响和反馈将被员工详细观察”（the repercussions regarding the effects subsequent to the explosion will be perused by the staff）可以简化为“管理者们会考虑爆破的影响”（the managers will consider the effects of

the explosion）。

4. 避免使用不常见的缩略语、专业术语和俚语。

● 体现思维的逻辑顺序。

1. 通常在写第一版草稿的时候，你往往会写下一些不相关的想法。到了修改的阶段，你就需要关注每一个句子，确保它们能够体现你的思维逻辑顺序。在上文提及的例子中，我持续使用“现存系统”或“现在的系统”，以此确保每个句子的内容都十分清楚。

2. 与此类似的是，段落之间也要符合逻辑顺序。每一个段落或者几个段落应该完整地阐述完一个特定观点，然后你才能开始写其他观点。有时候，你可以使用连接词来表示过渡或者转折。（譬如说，为了强调一个已经论述的观点，你可以使用“进一步说、更甚之的是”；为了引入转折，你可以使用“然而、与之相反的是、另一方面”。）

● 表达了你想传递的信息。回头看看前文例子中的最后一句话：“系统的某些方面的安全性也备受质疑。”更好的段落结束语应该是：“更甚的是，目前这个系统的缺陷时而会危及整个网络的安全。”

使用列表符号

想一想使用列表符号是否合适，尤其是对于短句。有时候人们会问我列表符号使用中的标点符号问题，尤其是短句。当下普遍流行的方法是在最后一项内容结束时用句号，而在前面几项内容结尾处不使用任何标点符号。如果每个单项内容包含了不止一个句子，那就考虑使用列表符号。

另一个常见错误是单个的句子从一开始就不遵循语法一致的风格。例如：

成功的候选人需要是：

（√）擅长数字计算和文学

（√）能够运用至少两种欧洲语言

（×）在项目管理软件使用上有经验

上述第三项列表符号中内容错误的原因在于，它没有遵循前两句的表述方式。它应该改成：

（√）拥有项目管理软件的操作经验

在写什么、怎么写的问题上，为了让本书更加实用，我已经有意在修改阶段讲得比较深入。

以上内容都适用于更长篇幅的写作。接下来我们来看看一些特定的写作文体。

电子邮件的写作

电子邮件特别棒，我们可以用它和全世界的同事即时沟通。然而，电子邮件也有它的劣势。我们会收到太多的无用邮件，阻碍了我们处理工作的进程。

以下是撰写电子邮件的一些建议：

- 在主题栏里写上清楚的主题（而不是“嗨！简！”）。有一个具体的主题会帮助收件人了解你的邮件内容。

- 谨慎地使用“抄送”（cc—carbon copy，即“复写纸复制”，这个表述是从纸质时代来的）和“密送”（bcc—blind carbon copy，即“盲复写纸复制”，只把邮件发给真正需要的收件人。）解释一下“抄送”和“密送”：如果我发邮件给科林，同时抄送德瑞克、密送艾德，那科林可以看到邮件发给了德瑞克，但是他看不到我给艾德也发送了。使用“密送”功能可以让你在收件人很多的情况下，不让每个人知道其他收件人的身份。

- 除非你是发邮件给一个关系亲密的同事，否则就要使用正式的开头和结尾致辞。你可以用更符合公司政策和自己性格的方式来表述。举个例子，如果是一个我不认识的人给我写信，他称呼我“嗨，马丁！”我就觉得难以接受。

- 对于篇幅较长的邮件来说，你要把关键信息放在前面，这样的话，收件人一打开邮件就能在开篇看到。因此你需要花点儿时间布局内容，把相同主题的句子用段落整理起来。记住，如果你都觉得信息不清晰，那读者就更觉得模糊了！

- 注意邮件撰写的语气，确保不要粗鲁。开头和结尾的表述都尽量温和，即便加一个“谢谢”都会有帮助。

● 只使用读者看得懂的缩略语。

● 不要把整个单词大写，因为那样代表你在吼叫。

● 作为邮件签名的一部分，你还可以在邮件下方列出其他联系方式，包括你的职位、电话号码（座机和手机）以及邮编。对方可能会给你打电话确认一些细节。

撰写商务信件

电子邮件的使用很广泛，对于商务场合的沟通也很有用。商务信件应遵循以下惯例：

● 开头称谓。如果你是第一次给对方写信，就用先生、太太、夫人等称谓。如果你知道他们的名字，就称呼“亲爱的芙瑞达”。你也可以使用全名，尤其是当你不确定对方性别的时候，你可以写“亲爱的山姆·史密斯”。如果用“亲爱的阁下”或者“亲爱的阁下或夫人”，就是十分正式、非私人化的称谓。

- 结尾致意。如果开头称谓用的是“亲爱的芙瑞达”“亲爱的琼斯太太”或“亲爱的山姆·史密斯”，那结尾就用“您诚挚的”。你也可以在“您诚挚的”之前加上一句“万事如意”。如果你用的是“亲爱的阁下”或者“亲爱的阁下或夫人”，那结尾就用“此致敬礼”。

撰写报告

撰写报告的基础

以上说到的建议对报告来说一样重要。其中，知道你写报告的原因、了解你的读者、确定如何搭建结构是最重要的。

报告的种类有：

- 进程报告

- 健康安全报告
- 事件的调查报告
- 公司报告
- 可能性报告
- 法律证据报告

你的读者可能是同事、利益相关者、董事会成员、项目组成员、顾问组、委员会或者新产品的用户。

你的报告目的可能是：

- 研究一个具体的项目或者产品是否在财务上可行。
- 展示一个案例，以此作为产品或服务采购的依据。
- 说服某人要采取什么措施。
- 阐释一个新产品如何运用。
- 描述公司的成就和财务状况。

- 知会同事项目进展如何。
- 勾勒一个事件的原因或者本质。

要了解你的读者、动机和反馈（参考星期日内容），了解这些信息会帮你决定要采纳哪些信息。如果你有疑惑，就去和同事沟通一下。换句话说，如果高层管理者只想看一页报告，你就不要费心写十页。另外，你的公司或者机构可能已经有报告模板了，那就为你的写作提供了架构。

报告内容

通常，报告至少要有以下内容：

- 前言：这部分表明报告的目的，包括报告内容的范围或者参考资料的信息。
- 报告主体：这部分是报告的主要内容，它需要反映出你采用的流程和发现的成果，并且要有事实和其他信息作为支撑。在论证过程中，以上客观的证据要和你对事实的理解有所区别。

● 结论：这部分是一个清晰的总结，需涵盖前文所有的论述。同时，还要依据结论给出必要的举措，让报告发挥效用。

报告通常要用数字和标题来帮助读者清楚地区分不同段落，譬如 1、1.1、1.1.1、1.1.2、1.2。

根据报告的篇幅，你还可能要写入：

● 整篇报告的总结。这个总结能为结论正言，同时也是对报告中重要信息的简短陈述。

● 附录。这部分放在报告的最后，包括一些技术性信息。这些信息如果放在报告正文中会显得过长或者过细。

● 参考书目。这是报告中援引过的参考文献和其他参考信息的列表。

总　结

今天我们探讨了写作。对较长篇幅的写作来说，所有原理中最重要的就是：

- 思考
- 组织
- 打草稿
- 修改草稿

然后我们探讨了不同类型的写作，包括电子邮件、商务信件和报告。

跟进练习：

1. 想想在写作过程中哪个阶段对你来说最难（思考、组织、打草稿、修改）？然后再回头去文章中阅读相关部分。

2. 找一封同事最近给你发的邮件来看。他的信息传递清楚吗？语气适合吗？他想让你做的事情说清楚了吗？

3. 找一封你刚写好的邮件来看。你的信息传递清楚了吗？语气适合吗？你想让对方做的事情说清楚了吗？

4. 你会用哪些步骤来提高邮件撰写能力？

小测试

1. “我没有思考也没有计划就开始写作了。”这样的做法：
a）好 ☐
b）不好 ☐
c）说不上好还是不好 ☐
d）浪费时间 ☐

2. 当进行商务写作时，脑子里要想着：
a）你自己 ☐
b）天气 ☐
c）读者 ☐
d）你的上级 ☐

3. 当我写一个长篇文本的时候，在动笔之前我要组织材料。这样的情况：
a）从不发生 ☐
b）偶尔发生 ☐
c）干吗这么麻烦呢 ☐
d）时常发生 ☐

4. 让邮件里的语气恰到好处，这件事情：
a）很重要 ☐
b）如果有时间就做，它是个奢侈的事情 ☐
c）浪费时间 ☐
d）没必要 ☐

5. 为了帮助我写作，我会________一个辞典或者字典：
a）从来不用 ☐
b）辞典是什么 ☐
c）很少用 ☐

d）经常用 □

6. 你起草完一封邮件以后，你应该：
a）点击发送 □
b）回家 □
c）继续修改 □
d）检查 □

7. 在发送之前，我再次检查邮件时：
a）我从来没发现有什么地方需要修改的 □
b）我是完美主义者，所以我要修改很多地方，以至于我会忘了发送出去 □
c）我经常做出修改 □
d）我懒得去检查 □

8. 当我发送邮件时，我抄送给：
a）通讯录里的所有人 □
b）只发送给需要看到这封邮件的人 □
c）不知道给谁 □
d）我老板，以此保护自己 □

9. 当我撰写一个报告的时候：
a）我认真地组织材料 □
b）我懒得组织材料 □
c）我请别人来搭建结构 □
d）我的结构太复杂了，连我自己都看不懂 □

10. 当我撰写一个报告的时候：
a）我把所有素材都写进去，希望读者能看懂 □
b）我仔细地甄别事实 □
c）我把所有内容都加上列表符号 □
d）我迷失了，因为我没有仔细思考我在写什么 □

Wednesday

星期三

更好地组织会议

Organize better meetings

昨天我遇到了塔缇娜。她刚入职时是助理编辑，工作数年后，现在晋升为副总经理。她看起来累极了。我问她是不是她的生活被无数个会议占据，她说“是的”。很显然，她出席的很多会议时间太长了，而且会议内容又缺乏重点，所以耗尽了她先前的激情。

作为经理人，你的大量时间都给了会议。但是很多会议可能开得太久却没有达成重要目标。参会的同事们会变得失去热情，甚至愤世嫉俗。如何改善这样的现象呢?

今天我们将探讨：

- 会议目的
- 会议筹备
- 主持会议
- 参与会议并谈判
- 会后追踪

我们会发现，一个成功的会议关键在于筹备。

会议目的

会议之所以有用，是因为它可以：

- 告知同事。譬如会议上可以宣布新的目标或者分享工作进展。
- 与同事讨论。譬如会议上可以和大家一起制订计划或者评估一个问题的解决方案。
- 做出决策，并对下一步计划达成共识。

团队会议可以让员工们互动交流，所以它对于提升团队认同感有特殊帮助。作为管理者和团队领导，你可以利用团队会议来鼓励更好的合作并激励你的员工，参见星期五的内容。

时间就是金钱

我们偶尔会说“时间就是金钱”，但它到底有什么含义呢？假设你每年挣 2 万英镑，我们把这个数字除以你每年有效工作的天数。譬如，扣除公众假期和病假，每年还有 46 周的时间。2 万英镑除以 46 周，你每周入账 434.78 英镑。假设每周工作 5 天，那就是每天入账 86.96 英镑。如果我们再除以每天有效工作的小时数（譬如 7 小时的 2/3 就是 4.66 小时），那每小时入账 18.66 英镑。这是你每小时的薪水，不包含税费和其他扣除费用。

然而，这只是你作为员工的部分数据。你的公司或机构为你承担的实际费用是这个数据的两倍。要考虑公司的日常运营开支：普通的商务开销，公司为员工所付税费，办公大楼的租赁费、暖气费、电费、水费等。所以你的公司为你付出的是 18.66 英镑的两倍：37.32 英镑。

所以，如果一个商务会议持续了 7 小时，而且有 6 个同事参加，那这个会议的成本就是 7 × 6 × 37.32

英镑 = 1567.44 英镑。这可能远远超出你的预期。所以，很好地组织会议确实能够创造收益。

以上分析的重要性在于：它可以帮助你决定要多少人参会，是否每个人都要全程参会，部分同事是否可以只来参与和他有关的部分。

会议筹备

> **小贴士**
>
> 一个成功的会议，关键在于筹备。

一个成功的会议，关键在于筹备。以下事情对你来说就很重要：

● 知晓会议的目的：很多会议没有明确的目的，对这种会议来说，可以轻松缩短会议时间，或者直接取消。所以，你要十分清楚自己开会是为了实现什么目标。

● 提前安排好时间（开始和结束）和地点：我之前参加过一个会议，当我到达指定地点时却发现会议是在别的场地举行。

● 提前邀请关键人物出席：如果你想请一位繁忙的总监出席会议，而只是提前一天邀请对方，那就不太好。你需要提前在合适的时间发出邀请。如果会议议程中有可能存在争议的内容，提前与关键人物单独沟通一下会更好。

● 提前发送会议议程。这意味着你要预先思考会议的结构和会议目的。除此之外，你也要把重要的资料和会议议程一起提前发送，而不是在会议现场发。理想情况下，这些重要资料每一份的篇幅不要超过一页。

● 准备好会议室。安排座次：椅子围绕着桌子代表鼓励讨论。如果是会议主持人坐在长桌的一头，桌子两边各安排 10 个座位，这样代表的是讨论环节不多。如果要做幻灯片演示，请确保投影仪和串词都准备好。另外，还要确保暖风系统或空调系统正常工作。

● 提前阅读报告。如果会议前发了报告资料，就要提前阅读。我参加过太多会议都是在现场阅读资料，这些应该提前就做好准备的。

● 确保你带着明确的信息来参会。譬如，如果这个会议目的是要跟进工作进展，那你就要带着最新的工作数据来。

主持会议

会议主持人（可以是男主持、女主持或者会议负责人）是确立会议基调并引导参会者讨论的人。他（她）的任务包括：

● 提前确定会议议程。

- 遵守议程安排，让会议准时开始、准时结束。
- 介绍并欢迎新来宾，或者请他们自我介绍。
- 回顾上次会议的重点工作安排。
- 在恰当的时机，邀请关键人物进行发言。
- 声明会议的重点目标。
- 总结会议的讨论进程。
- 总结讨论的所有要点，达成共识、引出结论、做出决策。对于有争议的内容，会议主持人要清楚地交代如何做好会议记录，避免产生误读。
- 确保工作要点记录清晰，尤其是要记录清楚谁负责在什么时候完成什么事。工作要点要做到 SMART 法则：

S: specific，指工作要点要具体，而非模糊。譬如，不能说“我们要提升利润”，而是说“我们要提升 10 万英镑的利润”。

M: measurable，可量化。譬如说要用设立节点的方法评估工作进程。

A: agreed，在会议上所有参会者意向要达成一致。

R: realistic 或者 resourced，工作安排要现实或者有相应资源。“如果你想让我完成这个任务，你需要为我提供这些资源我才能完成。”

T: timed，有时间规定的。这些工作安排要什么时候完成？

一些人还会加入 ER，就是 SMARTER 法则。

E: evaluated，被评估。在下一个会议上，工作安排进度要被评估。

R: reported，工作评估要在未来的会议中被记录下来。

一个好的会议主持人就是一个外交官和一个组织领导者，而且也是被同事信任的人。同时，会议主持人也是一个会激励别人、调动别人积极性、能确保大家明白会议内容的人。在理想情况下，会议主持人能够适当制止不停讲话的人，也能够发掘那些沉默但能有所贡献的人。一个好的会议主持人同样需要有能力察觉何时开启并停止讨论，然后能够做出清晰的决策。

"任何组织委员会的水平就是组织中知识最渊博、最有决心、精力最充沛的成员的水平，一定要有人点燃火焰。"

——克劳迪娅·约翰逊（Claudia Johnson）（1912—2007），前美国总统林登·贝恩斯·约翰逊（Lyndon B. Johnson）的遗孀

拯救正在下滑的项目

艾穆朗被邀请到一个即将失败的项目上解决问题，目前的项目经理逐渐不能承担越来越多的责任。幸运的是，艾穆朗和这个项目经理有良好的工作关

系。艾穆朗很快发现这个项目中缺失了基本的要点：会议结构很差劲，几乎没有议程；在会议中讨论环节拖延很长时间，经常缺乏决策；即便在关键问题上达成了共识，也没有人记录下来，也没有工作跟进或在下一次会议上回顾。毫无疑问，这个项目很混乱。因为艾穆朗和全体同事都有良好的关系，他很快用出色的会议主持能力结合会议记录，进行了工作要点安排、工作进程回顾等举措，实现了良好的会议效果。由此，这个项目得以走上正轨。

好的团队会议

玛莎是一个很好的团队领导，她主导的会议效果都特别棒。她遵守会议流程，而且会议议程都会在会前提前发放。她还会回顾上一次会议布置的工作要点。同时，她还为会议做了充分准备，对同事可能提出的反对意见进行思考。她会介绍公司整体的运行情况，然后引导大家针对本团队如何提高工作效率的问题开展富有成效的讨论。对于机密性的话题，她会灵活处理，并尽可能地开诚布公。对于困难的事情，她总是能找出核心问题所在，然后引导讨论和评估可行性方案，最后才采取一个具体的执行措施。

玛莎尤其擅长鼓励大家参与讨论并表达自己的观点。她总是会总结一下讨论内容，然后对下一步工作做出清晰的决策。她会确保会议记录在会后立即发送给大家，从而让同事们清楚自己的工作任务。这样的结果就是玛莎团队中的同事都感觉到被“点燃”和激励着。

参与会议

在一个成功的会议上，每个人都有自己的任务。我一直不明白有些人参加完会议之后还问：“开这个会议有什么用？”然而他们本人并没有为会议做任何贡献。我们每个人的参与度可以通过以下途径来实现：

● 仔细聆听并专注。把手机和其他设备关掉，不要发短信，不要打断别人的谈话。

● 如果你有不确定的内容，当场问清楚。很可能对于这个问题其他同事也有疑问，但他们害怕提问，也可能是担心被忽略。

● 拥有积极的态度。即便你对别人的观点持有不同意见，也可以采用积极的方法来表达意见、反驳别人的观点，而非生气地指责对方或者公开责备个人的失误。

● 面对问题。关注实质性问题，不要走偏方向。很多会议都避免讨论显而易见的事情，这些问题是大家都注意到的但又不提及的话题，因为这些话题会令人不太舒服。

● 愿意改变想法。如果在大家的发言中，有说服性的言论出现，那就让自己被说服，由此让自己改变对这件事情的看法。

谈判：双赢局面

在谈判中，我们都希望朝着双赢的局面去努力。双赢的情况可以用一个例子很好地阐释：我儿子本刚搬到亚洲，而且他想出售自己的相机，他的朋友罗伯刚好想要一部相机，可以用于旅途拍照。本就把相机卖给了罗伯——这就是双赢。双方都各得其所：本赚了钱，罗伯得到了相机。

在史蒂芬·柯维（Stephen Covey）《高效人士的七个习惯》*(The 7 Habits of Highly Effective People)* 这本书中，作者指出双赢局面的基础源自我们的性格。

如果你是充满勇气但疏于考虑的人，你觉得会如何？那就是赢—输模式。你会很坚强，很自我，你会坚持自己的信念，却不太顾及他人的想法。如果你是考虑周全但缺乏勇气的人，那你就该想到输—赢模式。你将充分考虑别人的感受，却没有勇气表达自己的想法。对于双赢模式来说，勇气和考虑都很重要。做好两者的平衡是真正成熟的标志。如果你拥有这一品质，你就可以倾听并富有同情心地去理解对方，同时你也可以带着勇气去面对。

——史蒂芬·柯维的《高效人士的七个习惯》

优秀的合同谈判者

丹尼拉因为是一个优秀的合同谈判者而备受尊重。她成功的秘诀在于良好的计划，她会花上很长时间思考不同的商业模式以及不同的定价标准。因此，每当谈判时，她能清楚地知道该用什么策略。

等到双方都亮出最初的想法后，她就可以探查并挖掘出对方的弱点。当他们谈到最后的议价环节，她已经将重点事务（价格）在脑海里做了清楚划分，而且她也明白什么事情不太重要，自己可以比较灵活地处理，例如她不介意把交货时间提前六周。然而，她对于不可谈判的内容很笃定、很坚决，那就是价格问题。所以她能够妥善处理交易、达成交易，同时还能安排好双方下一步的商务合作。

视频会议

视频会议意味着你不用花费旅途开销，而且你还能通过互联网与同事联系。以下是为视频会议做准备的小贴士：

小贴士

- 确保会议室有良好的音效，同时也干净整洁。
- 提前统一好会议议程，并提前发放给所有参会者；指定一个可以介绍参会者的会议主持人；提前把所有特别的演示资料（譬如幻灯片）用邮件发给大家。
- 在参会者面前放一个名字卡。
- 提醒参会者发言时要面对摄像头。也要让大家认真聆听别人的发言。

会后跟踪

如果一个会议做了决策，但是会后没有人执行这些决策，那这个会议就是浪费时间。如果同事们都被委派了工作，相关人员就该跟进工作进展。

会议记录能够很好地记录会议上发生的事情，包括工作部署。记录员不需要事无巨细地记录，只需要清晰地记录：重要的决定，譬如包含日期、日程的工作部署，以及和财务相关的事宜。

会后越快传送会议记录内容，同事就会越快地跟进部署的工作内容。

一个好的经理人也要在两次会议之间跟进重要工作的进展情况，而不是到了下一次开会时才发现工作没有完成，这样宝贵的时间也就被浪费了。

总 结

今天我们探讨了如何让会议更高效。我特别强调了认真准备的必要性：考虑你为什么要举行会议（希望不是说“因为这是我们例行的每月例会”）、谁要参会、你有什么考虑、何时开始何时结束、会议地点在哪里。你也要提前计划并发送会议议程，包括关键的资料在内。

确保准备的会议记录及时发送出去，并在下一次会议上回顾这些内容，确保工作部署都被妥善执行了。

跟进练习：

1. 回顾你最近参与的一个会议。有哪些好的方面？哪些是不好的？你可以采取什么实战性措施，确保下次不会重蹈覆辙？

2. 如果你主持一个会议，可以采用什么方法提升你对会议的主导性？

3. 如果你不是会议主持人，可以采用什么方法提升你的参与性？

小测试

1. 我对于会议的态度是：

a）我觉得有时候会议有成效 ☐

b）会议很无聊 ☐

c）开会有必要，但是很痛苦 ☐

d）我想要让会议办得更好 ☐

2. 举办一个成功会议的关键是：

a）会议室 ☐

b）参会者 ☐

c）持续的时间 ☐

d）准备 ☐

3. 每个商务会议都应该有议程——这个命题是：

a）错的 ☐

b）对的 ☐

c）有时是对的 ☐

d）随便你怎么说 ☐

4. 一个好的会议主持人会：

a）总结会议进程，做出清晰的决策 ☐

b）从会议议程中游离 ☐

c）让每个人都能发言，但是无法做出决策 ☐

d）期待所有会议都顺利召开 ☐

5. 当做出决策以后，确保有人去执行这个决策：

a）这样很好 ☐

b）是件奢侈的事 ☐

c）很重要 ☐

d）我们从来不做决策 ☐

6. 在 SMART 行动法则中，S 代表：

a）傻乎乎的 □

b）具体的 □

c）特别的 □

d）标准的 □

7. 在 SMART 行动法则中，T 代表：

a）有时间规定的 □

b）艰难 □

c）深思熟虑的 □

d）有技巧的 □

8. 如果我不是会议主持人，我会：

a）给朋友发短信 □

b）分散对面同事的注意力 □

c）对同事做出负面评价 □

d）知道自己有很重要的任务 □

9. 如果我参加一个会议，然后不明白大家的讨论内容：

a）我就保持沉默 □

b）我想回家 □

c）我就提问，尽管这会让自己看起来很无知 □

d）我会等着会议主持人来解释 □

10. 会议以后，会议记录应该发送给大家：

a）会议记录是什么 □

b）从来不发送 □

c）立即发送 □

d）如果幸运的话，就会这么做 □

Thursday

星期四

⊙ 做成功的演讲

Give successful presentations

截至目前，我们已经探讨了沟通目标、倾听的重要性、文档撰写以及如何更好地召开会议。今天我们将进入另外一个重要的话题。这个话题对于管理者来说，需要动用以上所有学习内容，那就是“说话——做演讲”。

你以前可能从来没做过演讲，因为你会紧张——这点可以理解。但你可以放轻松，因为你所需要的技巧都已经在前文中讲过，现在你需要的就是练习。

- 你要知道你演讲的目标——你的听众是谁？你了解他们的什么？（通过倾听来收集信息）你的关键信息点是什么？你想从听众那里得到什么反馈？
- 计划好你要说的内容——你可以利用星期二那天探讨的技巧（譬如，利用一个思维导图展现创意，同时要计划并组织讲话内容）。
- 了解你对这次会议的特殊贡献所在。

所以今天我们就将探讨如何做演讲，也会谈及包括幻灯片、肢体语言和反馈等在内的视觉辅助信息的制作。

打好坚实的基础

回顾星期日的学习内容和AIR法则（听众、目的、反馈）。谁是你的听众：高级经理或同事还是其他分公司的同事，而且其中有些人还比较挑剔？

你的听众有多少人：5、50，还是500？他们对你的演讲内容了解多少？你是否需要准备一些背景信息？作为演讲者，他们对你的印象如何？在你准备演讲之前，要尽量去了解你的听众。

有时候当我演讲时，我会设想有一两位届时会到场的人，然后基于我对他们的了解做准备，就像是我只对他们两个做演讲一样。

想一下，你为何要做这个演讲。你应该要提供哪些背景信息？有没有隐藏的议程信息？

试着用不超过12个词总结你的核心信息。譬如，如果我要把本章内容做一个演讲，核心信息就会是“精心准备你的演讲”。

记住以下的实战要点：

● 了解你的发言时间是 15 分钟还是一个小时。如果你提前结束（并非提前结束得很早），大家会很感激；反之，大家并不会这么觉得。

● 考虑座次的安排。曾经在我带领的一个工作室活动上，共有 15 人参加。我认为主办方建议的座次安排特别像一个教室，所以后来改成了马蹄形，也就是 U 形座次，这样有助于参与者的互动。不要忘了考虑会议室的灯光、暖气和空调情况。

● 想好你要说什么。回顾星期二的学习内容：要利用一个思维导图回答这些问题，包括为什么、怎么样、什么、谁、什么时候、在哪里、有多少人参加。你可能会觉得这样做没必要，但是如果做了，通常都会收获颇丰。因为这样会让你在开始组织排序之前，就把重点全部写下来。

在你组织想法之前，我要在星期二的学习内容中插入一个步骤。

你的思维导图中的关键词可能都是名词（事物的名字），我们的目的是要在其中加入一个动词（表示动作）让它更有力量。例如，本章内容的草稿如下：

基础		你自己
信息	陈述	肢体语言
视觉辅助		反馈

然后我增加动词进去：

建立基础		自己准备好
精炼信息	做陈述	注意肢体语言
准备视觉辅助		期待反馈

然后我进一步加入形容词（表示修饰的）来实现：

<table>
<tr><td>建立稳固的基础</td><td rowspan="3">做一个有效的陈述</td><td>自己准备好</td></tr>
<tr><td>精炼信息</td><td>注意肢体语言</td></tr>
<tr><td>准备有用的视觉辅助</td><td>期待正面与负面反馈</td></tr>
</table>

看到了吗？我试图做的事情就是拓展核心信息，不是说“视觉辅助”，而是说“准备有用的视觉辅助”。

利用一本辞典或者字典来开拓你对文字和短语的使用。对它们精雕细琢，这样它们就能表达你想说的话（除了两方面：正面与负面的反馈、精炼信息）。

组织你的想法。现在你需要把所有想法和基本信息组织排序。你已经有了核心信息——“精心准备你的演讲”，所以你可以用特定的顺序把素材组织起来。注意以下方面：

- 你要有一个前言和一个结论，两者要分开。
- 你应该把最重要的信息放在演示主体内容的前面。

你的草稿可能会和最终版本不一样，没关系，这只是草稿。最好是做几种顺序尝试。譬如说，我知道“准备有用的视觉辅助”和“期待反馈”都是重要内容，但是对于我要演讲的内容来说，这两者不是基本的主要的方面，所以可以放在演讲的后半段。由此，我的草稿中安排的顺序是：（你可以和最终版做个对比。）

<table>
<tr><td>1 建立稳固的基础</td><td rowspan="3">做一个有效的陈述</td><td>6 准备好自己的状态</td></tr>
<tr><td>2 精炼信息</td><td>4 注意肢体语言</td></tr>
<tr><td>3 准备有用的视觉辅助</td><td>5 期待正面与负面反馈</td></tr>
</table>

最后，我把“6 准备好自己的状态”安排成一个小段落，不放在主体内容中，而是放在“4 注意肢体语言”的前面。

提炼你的信息

● 找出你的核心信息。绝对要清楚自己要说什么，标题要尽量简洁，不要试图添加很多信息，少就是多。

● 把核心要点分解成子要点。打磨你的用词；不要使用太长的词汇，而是用日常的短词。能用“try”（试图）就不要用“endeavor”（竭尽全力），能用“need”（需要）就不用“necessitate”（不可缺失），能用“stop&end”（停止）就不用“terminate”（终止）；能用“harmful”（有害）就不用“detrimental”（有损效益的）。

● 重复。如果你的核心要点是“精心准备”，那就要重复一遍，然后补充类似这样的话：“你需要努力做好计划，才能实现有效的演示。”用这样的话来表达，就可以阐释“精心准备”。这种方法在口语中用得比在写作中多，而且当你发现你的听众不是很明白时，你也可以用这样的方法重复表达你的核心要点。这意味着你要在讲话时看着听众，而不是看着你的笔记。最好是你能十分熟悉演讲内容，这样就不用照着稿子念了。

● 考虑好你如何沟通。可以通过以下方法：提问，讲解具体的案例（例子）或者讲述一个故事来支撑你的观点，引用精准的引语和数据，还要有创意，找一个可以阐释你的观点的图片，但要确保自己没有侵犯版权。

● 研究演讲中的不同环节。尤其要对开头多加准备，它能够抓住听众的注意力（譬如可以说：“你知道吗？”或者：“我今天在报纸上读到……”）。同时，也要注意用结尾（“所以接下来是……”）来总结整个演讲，把核心观点统一起来再次强调。

● 用逻辑顺序连接主要观点。如果你能让主要观点都以相同的词开头，或者按“A、B、C”字母顺序排列，你的观点就更容易让人记住。譬如，我曾经做过一个关于写作的演讲，鼓励作者要做到精准（Accurate）、短小（Brief）、精炼（Concise）。

● 检查你要传递的信息。这是本周学习中你要记住的一个关键内容。核查事实和日期，确保它们都是准确的。

● 在准备中，要一直思考听众的反馈会如何。他们会有兴趣吗？还是觉得无聊？他们需要被说服吗？他们会质疑吗？对有可能出现的反馈进行预测，然后提前做好准备如何应对，并准备好问题的答案。

● 把演讲内容写出来。两种方法：第一把要说的一字一句都写下来，第二只写关键词。如果你用第一种方法，也不要照着稿子一字一句地念出来。最好是把你的观点都变成自己思考的一部分。当你有经验了，就会发现用关键词提示就可以了。我刚开始做演讲时，先用铅笔写下所有东西，这样我可以直接擦掉。然后输入电脑（同时放大字体，让我能够看到）。现在，我有了更多经验，只写出关键词，标注出重要的短语和词组就可以了。你怎么舒服，就怎么做。

● 保有热情和积极的态度。你现在可是有一个信息要传达哦，那就去做吧！考虑你自己讲话的方法，用你自己独特的性格、技巧和经验。一定要自然，做你自己。我花了几年时间才发现了我自己演讲的风格。有一次，有个同事时隔五年后联系我，请我去他的公司领导一个活动时，他说：“你的风格令我难忘。”我听到后感到很惊讶。

● 计划好间歇时间。如果你的演讲持续 45 分钟以上，那就要安排一个间歇时间，让你的听众可以稍事休息。

准备：无形，但很重要

哈西布很聪明。尽管他也会紧张，但是他做了几次演讲之后开始享受演讲过程了。他意识到自己未来几年都会继续做演讲，所以他开始围绕一个主题进行广泛阅读。他用一个硬壳笔记本和电脑把有用的观点、故事、引语都记录下来。这样当他要演讲时，就有了丰富的资源。因此，他的兴趣和热情始终如一。这种无形的但是很重要的准备方法是哈西布的演讲有效的秘密。

准备有用的视觉辅助

你演讲的时候是否需要派发资料？需要多少份？什么时候派发，是演讲前还是结束以后？我的个人选择是在演讲前就发给大家，这样听众就能知晓我演讲的进度。这种方法的缺点是他们知道我将要讲什么，所以你要把资料上的内容做成要点，而不是详细的全文。同时，确保你有足够的资料，甚至多几个备份。

在我早期做过的演讲中我犯过这样的错误，就是把演讲内容全文都放在资料里。所以当一个同事说“我们其实不必来了，看你的笔记就可以”时，我真的无言以对。

用表格和图例来支撑你的观点，但是不要做得太技术化，否则听众就无法理解你要说什么。尽可能地简单明了。

如果合适的话，也可以用挂图。我个人更倾向于使用挂图，而不是幻灯片。因为我觉得挂图比起严格排好顺序的幻灯片来说要更灵活。

如果你要使用幻灯片，那就要：

——预留充足的时间进行准备，尤其当你还不是很熟悉幻灯片软件的时候。刚开始使用幻灯片时，要比你想象的费时间。

——不要在每一页里放太多信息。放上标题，而不是把演讲全文都写进去。

——统一用一种主要字体。最理想的是用大的字体，至少28号字。最好做到每一页不超过6行文字。（你还记得人们伸着脖子争相阅读幻灯片上的小字的情景吗？）无衬线字体要比衬线字体容易阅读一些。标题左置（不是中间），同时使用大小写字母都有助于阅读，而不要全部使用大写字母。

- 检查每一页文字的拼写。
- 看看哪种颜色比较好，红色还是灰色，黄色还是蓝色。
- 用表格和图例来支撑观点。柱状图、饼状图和流程图都可以在视觉上辅助核心信息。
- 使用插画来支撑观点，但不是那种炫耀你的设计或者漫画技巧的插画。
- 不要把重要信息放在幻灯片的底部。坐得远的同事不可能越过前排同事的头部来看这些信息。
- 演讲前，提前带着笔记本做一次排练。
- 检查一下是由你还是同事负责提供投影仪和电脑连接线。提前到达会场做准备。

- 把幻灯片存在一个移动硬盘里，如果你的电脑用不了，还可以用别人的电脑。
- 确保你在演讲时与听众做眼神交流，不要盯着电脑或者大屏幕。
- 安排好会议室，让每个人都能看到屏幕。

小贴士

全面准备，让你想传递的信息成为你自己的一部分。

图画一幅，胜过言语万千

杰森要寻找一些插图，用在他关于“鼓励”的一个演讲中。他要表达的是鼓励中“刚柔兼济”的方面。他找了一幅父子合照表达温柔，但他发现很难找到一幅图可以表达坚强、强硬的一面。直到他想起贝叶挂毯[①]中描绘的一个场景，那是奥督主教用棍棒

① 也被称作巴约挂毯或玛蒂尔德女王挂毯，创作于11世纪。

戳打军队，但他叫作“安抚军队”。用通俗的话来说，他那是踢别人屁股来刺激对方采取行动。杰森找到的这两幅画能够很好地说明他的观点。

注意肢体语言

一个朋友曾经告诉我，他们不是聆听一条信息，而是聆听一个信使的观点。所以，你要做你自己。打扮得潇洒一点，那你就会感觉潇洒并自信。穿着要职业化。我曾经和一个同事一起去见出版商，讨论我们正在做的一本书，想说服他采纳我们的建议。我穿戴整齐，但是我同事穿毛衣牛仔裤出现。那不是我说的职业相貌！

在发表演讲的时候，站直的同时要放松双肩。不要躲在讲台的后面（尽管我知道那样可以隐藏一些紧张感），你甚至可以在室内适当走动。

要和听众保持良好的眼神交流，这对我来说是一个很重要的点。如果你使用挂图或者幻灯片，不要一边说话一边去看，应该看着听众。但是，要来回看全体听众，而不是盯着你喜欢的几个人看。记住，你的整体姿势会透露很多关于你的信息。

利用好你的声音，声音要时大时小，节奏要时快时慢；不要喃喃自语，吐字要清晰；应该变化音调，绘声绘色地表达；同时可以基于你的性格，使用合适的手势。

要微笑。（我早期做演讲时太过极端，我在每一页笔记上都写上“微笑”。）停顿有时候可以帮助你的听众消化你刚讲完的内容。

要全面地准备你要传递的信息，让这个信息变成你自己的一部分。大声练习，这样可以帮助你把控时间。

准备内容的同时，一样要全面地准备你自己。这儿要讲的重点是：你要保持积极的态度。别人邀请你做演讲，代表了他们对你有信心，而你就要尽可能地充满热情、控制紧张感。可以深呼吸，喝点水。

在你正式做演讲时，要有权威感。有时候，在我领导的小组活动中，我发现参与者和我都觉得紧张，我就会说："你们今天感觉如何？"然后我会加一句说："我和你们一样紧张。"这样真诚地袒露自己能够帮助对方化解紧张。

有困难，但很棒的一次体验

哈里迫不及待地想提升他的演讲技巧，所以他的同事帮他用视频记录了一次他的演讲。哈里意识到，观看自己的演讲视频不是一件容易的事，却很有用。他注意到自己有一些无意识的动作（晃钥匙），老是重复一个词（最近喜欢用“好吗”）。但是这种视频观看是必要的。窘迫和难堪的感觉是他学习体验的一部分。在别人注视的情况下能意识到自己的错误，是改正的第一步，也是他实现愿望（成为一个更高效的演讲者）的重要一步。

期待积极和消极的反馈

“反馈”是指你从听众那里获得的问题，而且你要做好充分的准备。最近我发现有一种演讲趋势是在发言前说：“演讲过程中如果你们有不清楚的地方可以提问，我会回答。但是请大家把更重要的问题留到演讲最后。”如果你这么说，那就要在演讲中留够大家提问的时间，也要为结束时更重要的提问环节留足时间。

本周我们探讨了那么多内容，关键都在于良好的准备，包括反馈。你要预测一个同事会提出反对观点，因为他们平时都是这么做。做好预测，也做好准备。回应他们的反对观点，而且尽可能把话题转向你想传递的信息。我学到的技巧是：当遇到一个反对意见的时候，不要把目光锁定在这个人身上，而要面向全体听众。如果你在回答的时候只是看着这个提问者，他有可能以此为契机把话题拉得更远。

如果你对一个问题回答不上来，就诚实地说出来，通常有同事会帮助你。在提问环节结束时，用积极的方法再强调一下整个演讲中的重点信息。

演讲之后，要做评估。你可以询问你信任的同事，让他们为你的表现做一个实际评估。内容怎么样？你演示的节奏太慢还是太快？方向正确吗？派发的资料、视觉辅助和幻灯片是分散了你演讲的重点还是有助于你的演讲？认可自己做得好的地方，同时也不要害怕面对不好的问题，这样你才能获得经验。记住：“不犯错的人无法进步。”

棒极了！

总 结

今天我们探讨了如何做演讲。我们明白了：为了做一个有效的演讲，就需要做好准备。你要：

——了解你的听众是谁。

——了解你发表演讲的目的。

——考虑你想沟通什么信息。

——计划并组织你的想法。

——在逻辑顺序和演讲结构上要下苦功夫。

——对于措辞要精雕细琢。

——对开篇和结尾的内容要精心准备。

——准备好视觉辅助内容或者幻灯片，但要简洁明了，不要耍小聪明。

——注意自己演讲时的肢体语言，尤其要注意和全体听众保持眼神交流。

跟进练习：

思考你几周后要进行的演讲，用不超过 12 个词的句子表明你的关键信息。

小测试

1. 你一周之后要做演讲，你感觉？

a）准备好了 □

b）恐慌 □

c）太紧张了，根本无法准备 □

d）懒得准备，因为知道自己擅长即兴演讲 □

2. 做演讲时最重要的一方面是：

a）找出你能用哪些幻灯片内容 □

b）知道演讲时间有多长 □

c）查看天气情况 □

d）了解你的关键信息是什么 □

3. 在准备要发言的内容时：

a）我把脑海里想到的第一件事情记录下来 □

b）我慢慢地思考我的关键信息 □

c）我不准备，当天去即兴发挥 □

d）我所有时间都在思考，但是我不做笔记 □

4. 在做演讲时，用不同的语言重复你的观点，这样是：

a）无用的重复 □

b）对于强调你的信息来说很有用 □

c）如果你有辞典的话，这样做不错 □

d）浪费时间 □

5. 在为我的观点组织结构时：

a）我谨慎地把要点进行排序 □

b）我懒得去组织要点 □

c）我即兴发挥 □

d）在演讲时我会忘了思路 □

6. 当我考虑结尾内容时：

a）我就是重复六个重点 □

b）结论——这是什么？ □

c）我会告诉听众接下来应该做什么，来整合演讲内容 □

d）我会增加两个新观点来提亮整个演讲 □

7. 我用幻灯片的情况是：

a）经常用，我想炫耀我的技术功底 □

b）从来不用，我讨厌科技 □

c）经常用，而且我是把所有演讲内容放进去 □

d）聪明地使用它来支撑我的观点 □

8. 在进行演讲的时候：

a）我看着我的笔记 □

b）我只看我的同事 □

c）我看漂亮的姑娘 □

d）我扫视全体听众 □

9. 在发表演讲的时候：

a）我会变化语速和音量 □

b）我总是用一种语调 □

c）我想我和听众一样感到无聊 □

d）我经常出现停顿词，譬如“嗯，啊” □

10. 对于预测演讲后的反馈，情况是：

a）几乎不预测 □

b）从来不预测 □

c）经常预测 □

d）如果幸运的话就预测一下 □

Friday

星期五

建立良好的工作关系

Build strong working relationships

在一本关于商务沟通的书里，你可能会设想它都是在讲述各种正确的格式，包括在电子邮件和演讲中如何措辞。但是还有一些事情更为重要、更为深入，那就是建立良好的工作关系。好的工作关系就像胶水一样，会把一个公司或者一个机构紧紧粘在一起。

我们也可以用消极的方法来表达积极的想法：糟糕的工作关系（或者说没有良好的工作关系）就意味着这个企业或者组织没有有效地运转。

本章的标题是我深思熟虑挑选的。“建立”这个词意味着我们可以采取积极的步骤来培育、来学习工作关系。良好的工作关系是稳定牢固的，不容易被破坏的。这些都是要花时间才能建立的。

所以今天我们就来探讨如何培育一种良好的工作关系，以及它们在实践中是如何展现的，实践包括团队工作、选举工作以及解决冲突。

建立更好的工作关系

小贴士

好的工作关系就像胶水一样，会把一个组织紧紧粘在一起。

我希望本章内容很实用。对于一些人来说，建立良好的亲密关系（也就是一种彼此尊重、信赖、理解的感觉）是很自然也很容易的事，但对有些人来说就不是。我妻子有种天赋，能与人很好地相处，而我不是。她教了我一些很有帮助的技巧。

以下就是一些技巧。我对于它们应不应该被叫作“技巧”这件事比较犹豫，因为“技巧”会感觉人工痕迹很重，如果你尝试这些技巧，还会显得比较笨拙。

- 换位思考。真正地倾听他人的想法。（查看星期一的学习内容，获得更多关于倾听的方法。）

● 真诚地关注他人。我没有写“对别人只是表面上有兴趣”，因为那样的表现是不真心的。要微笑，注视着对方，然后眼神交流。

● 注意观察同事们的肢体语言。你能感觉出他们是窘迫还是放松吗？他们脸上有何表情？他们的声调是否透露了不安全感？但是，你要注意你也可能会误解别人的肢体语言。曾经有人在做演讲时，下面有位同事把眼睛闭上了。演讲者认为那是对方没有兴趣的一个信号。但事实上，这个同事闭眼睛只是为了更好地专注于聆听演讲。

● 调整你想说的话，把它变成适合同事倾听的内容。这一点对我来说是至关重要的。举个例子：有一次我负责了一个为期两天的沟通课程班。我知道第一天早上的休息时间主要是去聆听参会者的聊天。参会者会聊他们如何受不了公司里的政治斗争以及他们的上级不会倾听他们，也不会重视他们。一旦这些同事把内心想法发泄出来以后，他们就能够听我讲了。如果我只是抱着极大的热情和能量进行演讲，但是忽略他们沮丧的心情，那他们就不会倾听我的内容。我需要了解他们的思路，先理解他们，然后再把我的内容调整好，以适应他们的现实状况。事实上，我经常在培训课上先清楚地表明："比起对着课件做培训，我对帮助你们更有兴趣。"

● 灵活应对。如果你真的关注对方而不是你自己，你就会有多样而得体的应答，例如，"有种情况是这样的……""只有你能决定"或者"我不确定我们是否说到点子上了，难道这个不是关于……”

● 观察同事们在说什么，抓住他们的中心思想和关键词。例如，几年前我参加过一个会议，内容是讨论各个部门的预算分配问题。其中一个部门的负责人说他们的情况已经是火烧眉毛了，所以他强烈反对任何减少本部门预算的措施。在场各位交换了眼色，会议主席立即收回他要减少此部门预算的建议。

● 要融入一些寒暄闲话，这些寒暄的对话都是关于一些日常事务的内容，从严肃的商务角度来说它们不是很重要。当你第一次和某人见面时，可以谈论他来开会的路途情况、天气、他的家人、头一天晚上的足球赛结果、假期计划等等。参与这样的对话可以让之后的商业合作更顺畅。你还可以分享一些关于生活的理念，或者向对方提问。可以一开始用一般疑问句来开场（就是对方可以用“是”或者“不是”来回答的问题），然后过渡到一些开放式问题（用“为什么”“怎么样”“谁”“什么时候”“在哪里”“什么事”来开启和对方的聊天）。但不要表达出你好像是在调查对方的感觉。

● 注意角色。如果你是第一次和对方见面，对方告诉你他是做什么的，譬如说他是一个牙医、医生、警察或者会计。你可能会把他归到对应的职业中，然后相应地表达信任感。关于一个团队中的多重角色，请参看今天后半部分的内容。

● 注意同事的地位和权利，但也要把每个人当作独特的个体来对待。如果你第一次遇到一个校长，你可能会假设他很有权威性。你可能会觉得自己地位较低，会没有安全感。然而，这个问题可能只是你意识当中的，而不是现实存在的。如果这个校长真诚地对你说："如果你能告诉我一些关于……的事儿，我会很感兴趣。"你会想这么有权威的人物向自己询问意见，这让你感到很荣幸。对我来说，重要的是要把每个人当作独特的个体来对待。我记得有一个教师朋友几年前评价我："他甚至很会和清洁工聊天。"你要意识到，如果你轻视一个人，或者总是打断他说话，抑或是忽视他们，那你就会击垮他的自我认同感。

重要的是，要把每个人当作是独特的个体来对待。

● 要清晰地、连贯地告诉别人你在做什么，你为什么要做这件事。在引入管理变革时，这一点尤其重要。面对“我们以前就是这么做的”这种说法，你要不断地阐释你现在为什么要这么做。

● 确保你们公司和机构中的不同部门对你传递的信息都有一致的解读，而不是相互矛盾的信息。

● 把你们公司和机构的目标放在第一位，确保你全力完成工作。很多组织机构中都有办公室政治，你也会发现有你喜欢的人和你不喜欢的人。展现出你职业素养的一部分就是要尽可能地站在不同观点之上，理解同事们拥有的不同个性。要始终保持礼貌，不要参与流言讨论。你要停止抱怨你的同事，同时确保你自己尽可能出色地完成本职工作。

循序渐进地做出改变

玛莎被提升为团队领导，她有很多引入改变的想法。譬如说，她想引入团队的数据统计、轮值表和新的个人目标计划。然而，她的同事对于改变的速度产生反感。玛莎的导师悄悄告诉她说：“你要做的是进化，而不是革命。”于是玛莎放慢速度，用一种更适合的节奏进行改革，而且她用一对一的非正式谈话的方式告诉每一个同事这些改变的必要性。结果她的同事感觉到了更多的自我价值感，当他们成功推动改革的时候，大家的自信心也大大提升了。

亲密的工作关系

我和托尼共事了三十多年。我们一起合作了很多长期项目，他是设计师，我是作者或编辑，我们信赖并尊重对方的特殊技能和专业经验。当我们有不同观点时，我们会开诚布公地谈话，直到找到积极的解决方法。在他工作进度有点儿落后的时候，我会给他打电话。当我们不确定如何开展工作时，我们会征求对方的建议。2011 年，我们和其他同事一起完成的工作得到了“年度参考书”的奖项。当其他同事参与我们的会议时，他们会发现我和托尼都愿意站在对方的立场考虑并表达意见。通过长期的合作，我们已经建立了一种很亲密的工作关系。

建立更好的团队合作

一个团队就是由一群不同的人为了实现共同的目标而组合起来的。团队成员各自扮演着不同的角色，这些角色都是相辅相成的：一个人的短处刚好可以由另一个人的长处来平衡。

在团队中如何建立更强的合作关系呢？方法之一就是你要了解不同的角色。一种比较常见的角色分析是由梅雷迪斯·贝尔宾博士（Dr. Meredith Belbin）通过观察团队成员的行为得出的研究结论，他划分了九种不同的团队角色：

- **创新型角色：**有创造力，善于出谋划策，善于用非传统的方法解决问题。
- **资源调查型角色：**外向，善于和外界机构进行沟通。

- **协调型角色：**像主席一样有能力，会专注于团队成员的目标，也是一个好的团队成员代表。

- **塑形型角色：**是有活力的行动派，可以在面对困难时推动项目发展。

- **监督型或评估型角色：**能够站在幕后做出客观的观察分析。

- **合作型角色：**拥有很好的合作精神，能为团队注入和谐感。

- **执行型角色：**值得你依靠的高效组织者。

- **完成型角色：**能够一丝不苟地按照项目细节要求来完成工作。

- **专家型角色：**能贡献专业技术性知识。

关于同事间不同角色分工的更多细节，可以查询网站 www.belbin.com

以上研究分析很有用，因为它透露了一些团队中可能存在的问题。譬如，你们团队可能缺乏一些拥有特殊技能的成员，你可以通过这个分析来寻找合适的人来填补空白。我曾经参与的一个委员会讨论发现，我们委员会中缺少一个监管型角色（能够站在幕后并客观评价事实的人）。我们的目标就是要找到具有这样能力的人。

要鼓励更好的团队合作

作为团队领导人，你有责任鼓励大家成功地进行合作。为了实现这个目标，你需要做以下工作：

- 描绘愿景。团队的方向是什么？目标是什么？你是领导人，你需要呈现出一个有力的、激励人心的愿景。
- 清晰地描绘目标。一个没有落地实现的抽象表述最让人扫兴了。当一个愿景只是在会议上描述但缺乏执行措施的时候，团队成员散会后会感到很气愤，这样的情况很常见。所以，一个愿景必须演化成实际的工作步骤。

● 确保你的团队价值得到认同。团队成员之间信赖并尊重彼此吗？大家感到自己很重要吗？会不会觉得有什么事情比自己更重要呢？你要鼓励队员们保持积极的态度，相信团队的优势和凝聚力。

● 分清每个人的职责，这样可以让大家在明白自己工作职责的同时也了解整个团队的情况。不同的团队成员有不同的能力，所以要发挥他们各自的长处。譬如，不能让思维不清晰或没有决策力的人来担任会议主席。

● 确保权力范围和职责都明晰。每个团队成员是否有权力在一定限额中购买相关物品，还是要把所有的采购需求上报给你？这些都要规定清楚。

● 表现出你很珍视团队成员。要倾听他们的想法，如果他们需要帮助，你就要能提供机会让他们能够向你寻求帮助。不能淡漠，要接受他们带着问题来找你。要理解他们，试着找出他们抱怨的原因。你应该和他们交流，而不是找他们谈话。看看工作之余，他们都有什么兴趣。

● 表现出你重视他们的工作。曾经有一个在工厂工作了很多年的工人，他是为一种大型机器生产小配件的，但他并不知道这个大机器做什么用。当他后来知道了这个大型机器的功能，并且知道了自己在整个工作中扮演的角色，感到很惊喜也很满足。

● 确保他们的工作有趣并具有挑战性。没人喜欢枯燥的重复性工作，要保证你所在团队成员的工作中至少有一些可以让他们得到提升的有趣内容。

● 对于可商量的事情，工作方式要灵活。倾听你同事的建议，随时准备用创新的方法来解决问题。

● 要公平对待你的同事，即便你可能喜欢这个同事多过另外一个。

● 确保团队成员都一样地努力。要求每个人都要使出全力。有些人的工作强度明显低于其他人，这样“搭便车”的人的支出你是负担不起的。

● 展现出你对工作的热情。热情可以传染，如果没有热情，也是会传染的。如果你没有全心全意地投入工作，这种状态会通过你的语音语调和肢体语言表现出来。同事们会察觉到即使你说的都是对的，但是你表现出来的是自己都不怎么相信这些话。

● 鼓励大家要坦诚。尽可能地让大家参与到决策过程中来。利用你外交的能力，邀请那些羞涩的成员发言，同时制止那些话多的同事。

● 鼓励团队要发挥主观能动性。他们不需要每次遇到困难都请你来解决难题。他们可以富有进取精神，自己解决问题。

● 鼓励同事们关心彼此，这样可以在某人遇到困难时，其他同事给予帮助。

● 如果有缺乏合作精神的同事不愿意合作，那就鼓励他们尝试其他新的方法。甚至可以请他们出主意，用新方法来解决问题。

● 你所关注的目标应该是具体的、可量化的、大家一致同意的、现实可行的，并且有时间限制的，而不是一个模糊的目标。（回顾星期三的 SMART 工作原则。）

● 提供反馈。作为团队领导人你应该对大家的工作表现进行反馈，不管他们做得好还是不好。尽可能地做到具体化。（譬如：“我认为你在回复投诉的邮件中，对语气的把握很好！”）

走入基层

担任总经理的乔伊感觉自己需要走入基层，了解下员工到底怎么看待这个企业。所以他和员工共事了几天，倾听他们的关注点。员工们觉得自己的工作不受重视，而且他们与高层管理者的沟通不足。在一周结束时，乔伊把这些有价值的信息带回总经理办公室，开始改变公司的行事风格。

合理分配工作

要多分配工作。有一些工作不能分配（譬如说整个团队的管理、分配财务资源、处理业绩管理的机密事务以及晋升），但是对于一些实际的工作任务和一些常规性行政事务，你应该分配下去。以下是一些合理分配工作的指导建议：

● 对于要分配的工作你要清晰描述。不要给出模糊的指导。譬如：“你能不能写一篇关于缺乏安全性的简短报告？”应该要具体：“我想要一份 10 页的报告，需要提供几个大型的安全违规案例，并且分析背后的原因以及如何在未来的工作中避免的建议。”

● 确保你分配工作的对象理解了自己的工作任务。不要只是问：“你明白了吗？”要问：“你可以总结一下你要做什么吗？”他们的回答会体现出他们理解的程度。

● 给出背景信息，这样的话同事就能知道他们为何要做这件事，以及他们的任务与整体工作的契合性。

● 在必要的情况下，口头分配完工作后要用书面形式给出一个完整的表述工作任务的大纲。

- 要与同事确认好工作完成的时间。记住：对于你分配工作的对象，一件你可以很快完成的工作他们可能需要更长的时间。
- 合理地监督工作，提供必要的设备和他们需要的资源。
- 让这个接受工作任务的人自己决定工作中的细节。
- 当有问题出现时，你要鼓励对方带着可行的解决方案来找你。
- 当你的同事完成工作后，要感谢对方并认可他的成绩。

学会信任

通常情况下，奥利弗能够较好地分配工作。他能够详细解释任务内容，同时让团队成员能够理解。他会看似随意地问某个团队成员：“怎么样了？”然而，他会持续不断地走到一个叫作珍妮的同事的桌边，紧张地踱步，同时不停地问珍妮工作进展如何。

这让珍妮感到恼火，以至于有一天她忍不住对着奥利弗发火了。“为什么你不相信我可以完成工作？”奥利弗不得不学会后退一步，逐渐学着去相信珍妮，让她在监管减少的情况下也能顺利完成工作。

一个很好的销售员

安迪是一个很棒的销售员。几年来，他积累了广泛的人脉，获得了客户的信任以及被倾听的权利。他以承诺感、细致度和诚信度获得了大家的认可。

他也是很具有说服力的人。作为一个聪明的倾听者，他会尊重客户，与他们产生共鸣，理解对方的需求，并帮助对方做出明智的决定。因为他真心实意想为客户提供有价值的产品，所以他能很好地将产品与客户需求匹配起来。他很清楚自己的目标而且充满激情，因为他是真的相信自己的产品。所以毋庸置疑他是名很棒的销售员。

解决冲突

有时候你无法避免冲突，可能是成员间性格有矛盾，冲突会使彼此间的信任崩溃。也可能是每个部门都想得到更多的预算，或者都想避免预算减少。

作为团队领导者，你要快速解决冲突，解决问题。对于遇到的困难要直接陈述，不要裹足不前，也不要害怕。

我觉得有两本书对解决此类问题很有用，一本是《困难的对话：如何探讨最重要的问题》（*Difficult Conversations: How to Discuss What Matters Most*），作者是道格拉斯·斯通、布鲁斯·帕通、希拉·赫恩（Douglas Stone, Bruce Patton and Sheila Heen）。还有一本是《调解人：解决个人冲突的指引宝典》（*The Peacemaker: A Biblical Guide to Resolving Personal Conflict*），作者是肯·桑德（Ken Sande)。以下内容也是基于这些作者给出的有用建议：

● 观察实践：观察发生了什么，而不是靠感觉。分别考虑以下要素：

1. 事件本身：谁说了什么，谁应该被问责。尽量聚焦在问题本质上。保持冷静，近距离倾听大家的意见，提出问题，并理解其他人的利益点。

2. 你对事件的感受，是生气还是感到内心受伤。

3. 确定对方的身份。有时候对方的身份（包括他们的自我认知）都会令人感到敬畏，你要冷静地表现出你对他们的尊重。

● 尽你所能去解决问题并维护好关系：为了将来大家可以达成共识，你要准备好可行的解决方案，并对其进行评估。

总 结

今天我们关注了如何培养更好的工作关系，也就是如何建立更亲密的同事关系。亲密关系的建立关键在于要花时间去理解你的同事，让团队工作中具有更多的尊重和信任感。

跟进练习：

1. 想一想你们公司或者机构里的同事，想想你喜欢的同事。你为什么喜欢和他们共事？再想想你不喜欢的同事。你可以采取什么方法来改善你们的工作关系呢？

2. 想想你可以怎么做，来忽略那些琐碎的办公室政治。你可以做什么（或者你不能做什么）来让自己更职业化？

3. 想想你工作中的一次冲突。你可以做点什么，来聆听大家不同的观点？同时，你如何抛开对事件的个人感受，来对事件进行甄别？接下来你还可以做什么？

小测试

1. 组织机构里拥有良好的工作关系这件事是：
a）一件奢侈的事 ☐
b）很重要 ☐
c）浪费时间 ☐
d）不重要 ☐

2. 在建立更好的工作关系中，要多考虑：
a）你自己 ☐
b）你的老板 ☐
c）你的同事 ☐
d）你的假期 ☐

3. 当你和同事在讨论的时候，你要：
a）确保你说了自己想说的，但是不考虑对方 ☐
b）看着你的笔记，从不和对方进行眼神交流 ☐
c）感到不自然，因为你很喜欢他们 ☐
d）倾听他们，并做出回应 ☐

4. 对同事的肢体语言、姿势和语调有所察觉，这件事情我：
a）从来不做 ☐
b）总是做 ☐
c）几乎不太做 ☐
d）时常做 ☐

5. “寒暄”这件事情：
a）对于建立亲密关系是有用的工具 ☐
b）完全是浪费时间 ☐
c）比起实际工作来说更重要 ☐
d）差不多够了 ☐

6. 在考虑别人的角色时：

a）我仰望那些位高权重的人 □

b）对于比我地位低的人，我就很霸道 □

c）我脑里对此有认识，但是我不让自己受到摆布 □

d）我不考虑其他人 □

7. 在我的团队里，我们很清楚地明白：______

a）任何时候碰面都把每个人的角色严格规定得很清楚 □

b）我们要把理解不同角色当作一个基础 □

c）完全没有角色安排 □

d）全部人都是一样的角色 □

8. 我愿意提升团队合作，______

a）但是目前已经很好了，我不需要再做什么了 □

b）我迫不及待采取可行措施 □

c）但是我特别清楚我作为团队领导的失败之处 □

d）但是我太懒了 □

9. 当我分配工作的时候，我会这么做：

a）清楚地分配好 □

b）从不分配。什么是分配工作？ □

c）用模糊的方法分配工作，希望大家能自己理解我的意思 □

d）使用很多细节信息，以至于我自己都迷糊了 □

10. 在解决冲突时，我首先：

a）直接寻找解决方案 □

b）不理会 □

c）忽视所有人 □

d）近距离倾听冲突双方的意见 □

Saturday

星期六

➤ 有效参与网络沟通

Engage effectively online

在一周学习接近尾声的时候，我们要从沟通的角度看一下如何完成一次网上的陈述，以及如何在网上参与职场沟通。今天我们要探讨的大部分内容都基于前面的学习：本章内容是把几个讨论过的主题串起来，包括“写作时要想着读者”“写作思路要清晰”“建立有效的商务关系”。

网站已经成为职场工作中的一个重要部分，很难想象我们以前没有网络的时候是如何进行管理的。同时我们也发现，有些网站更容易获取相关信息。所以今天我们来探讨一下：

● 了解你的目标，仔细地规划网站。这样的话，可以让你的目标用户很容易获得信息，而且信息是整合好的。

● 带着设计和排版方面的建议，为网站撰写文字。

● 开发职场工作中社交媒体的重要性。

公司网站

了解你的目标

本章节我会提及多次，清楚地了解你做网站的目的是一件很重要的事情。

你可能会说公司的网站是你们的“展示橱窗”，但这究竟是什么意思呢？你的网站会显示公司办公室或商店的位置，以及营业时间、提供的商品和服务。但是你是想要客户直接通过网站购买呢？还是通过零售商或中间商？你希望对公司网站感兴趣的用户做何反馈呢？如果你是提供服务的公司，那对客户投诉来说，你是希望他们能够轻易投诉还是很难投诉？如果你想介绍一个作者或者摇滚乐队，你就可以通过照片、故事或者诗歌的方式来点燃用户的灵感。你也可以通过网站，让用户了解一种新的需求或者爱好，然后想请大家为你的事业贡献资金。

规划网站

首先需要找出用户的需求。我们要回顾一下星期日的学习内容 AIM 法则（听众、目的、回应）。

你的用户需求是什么？他们了解你们公司的目标吗？他们要购买产品和服务吗，还是要捐钱？开始思考这个问题的方法之一就是：写下你简短的任务陈述，你可以用篇幅更长的阐释性段落和案例分析（真实例子）来充实这个任务陈述。

仔细思考你的用户会如何使用、何时使用你的网站，他们想获得什么信息。譬如，我们最近正在翻新卫生间，然后我们登陆了不同公司的网站，了解瓷砖、浴缸、面池等细节信息。一些公司在网站上给出了价格，还有一些提供了单独可下载的资料，还有一些根本就没有价格。

有一些用户只是在网页上浏览几分钟，有些用户想要读网站上的内容，而且想要积极回应你。譬如在他们想购买产品或者查询信息时，你想让用户下载其他资料吗（譬如 pdf 格式的）？你想让用户怎么联系你？这些问题都要想明白。

架构网站

以下是一些建议：

- 规划一个信息阶层图，就是用户如何从这一页链接到下一页。
- 记住用户们会用不同的方法浏览网站。
- 把全部信息解构成几个大版块，而且要可管理，把这些版块进行分类。
- 规划要从下往上做。就是你要先从细节最多的网页做起，最后做主页。
- 要为灵活性留出空间。例如，如果你要销售不同格式的电子书，在你现有的一些功能之外要预留一些其他功能，这样可以为将来科技的变化做好准备。
- 设想一下用户进入你的网站会如何浏览网页。确保对方看到的信息就是你想提供的。有些网站是基于“三点击”原理的：要让用户从主页开始，三次点击内就能获得自己想要的信息，否则他们就会离开。但事实是，现实中如果用户很感兴趣而且足够坚持的话，他们就会更深入地浏览你的网站。

● 文字和图画要有机结合。有些网站上只有文字，有些网站只有图片。我认为一个有效的网站应该两者兼顾（请查看星期日的内容）。

● 计划好如何维护网站。努力让网站的内容时刻保持更新，计划好如何让网站与时俱进。很多网站都有一个“新闻动态”的栏目，但是里面的新闻都是一年前甚至更久前的了。这种过时的消息会透露出一个消息，那就是你的公司现在不是那么成功。所以原则是：让你的网站保持新鲜动态。

● 具体考虑一下搜索功能的优化。你会如何利用关键词搜索、标签等方法，最有效地触及你的目标用户？

一种新概念

雷是管道工游戏“史密斯森和儿子”的总监之一，他请一个网站顾问乔来设计并搭建他们的公司网站。当他们第一次见面时，乔解释说，网站不同于普通的印刷书籍，没有一个真正的终结点，比起传统印刷来说更灵活。网页更像是摄影集，为用户提供视觉感受。对雷来说，网站这种与生俱来的互动性是一种全新的概念。之前，他以为把公司现有的宣传页放到网站就可以了。乔让雷明白网站可以开启一个全新的世界，让用户看清楚公司能提供的事务。

网站设计

以下是一些有用的建议：

● 要记住用户的需求。你是为用户而写内容，不是为自己。为网站写内容就像是一种对话，唯一不同的就是你看不到对方而已。

● 确保你的网站主页能够：

1. 说明你是谁、你的目标是什么。

2. 说明你提供的产品和服务。

3. 用户可以如何获得你的产品和服务。

● 让文字简明易读。好的方法是：

1. 不要让文字布满整个屏幕宽度，否则将影响阅读体验，占用屏幕一半的宽度即可。

2. 最好把文字放在屏幕上方靠左的位置。

3. 居中位置的文字难以阅读，所以要统一好所有文字，包括标题在内，都要左对齐，但是右边不需要对齐。

4. 比起衬线字体来说，非衬线字体更容易在电脑屏幕上阅读。

5. 你要让文字和背景的颜色有所区别，但是不要弄得太花哨。

- 为每一个网页取一个标题。

- 把全部文字分解成段落，然后为段落取一个清楚的小标题。每一段不要超过 100 个单词。

- 文字周围要留白，这样会形成一种开放的印象。

- 每一段里面要把最重要的信息放到前面。

- 要像你平时对话那样，使用日常词汇。例如，用“解释”（explain），不要用“阐释”（elucidate）；如果能用“更多的”（extra），就不要用“充裕的”（supplementary）。

● 句子要短，15 ~ 20 个单词最合适。

● 确保文字是清晰的。可以先打草稿，然后修改，问问自己到底这个段落要讲什么。举个例子说，我有朋友给他们的网站撰写钓鱼的内容，但是他们以为读者都已经知道了这种特殊的钓鱼方法。当我们探讨的时候，他们才发现缺失的是对这种特殊钓鱼方式的定义。

● 在网站上要为其他网页建立超链接，但要可以回到你的主页。譬如，点击“这里”可以看到更多信息或者联系我们，用户点击带下划线的内容就可以打开一个新页面。但过度使用超链接的话，会让网页看上去过于细碎。

● 确保拼写正确。Stephenson 还是 Stevenson? Philips 还是 Phillips? 同时还要保持一致性。用 -ise 还是 -ize，通篇都要统一。

● 确保标点符号不要过多。每一个标题后面的内容都加一个句号的话，会让网页看起来很杂乱。

● 避免不是通行的缩略语、行业术语或俚语。

● 用列表的方法呈现信息，这在网页设计上很有用。

● 确保你的文字内容都是准确的。检查日期、财务数据。

● 回顾星期二对于编辑文档的学习内容。

商务工作与社交媒体

最近几年随着互联网创新的节奏越来越快，像脸书一类的社交媒体已经成为很多人生活的重要组成部分。这类网站的影响依旧有待考察，但是毫无疑问的是数据化将会极大地影响我们的未来。

——职业的网络社交平台（领英）可以让你在商业领域里与时俱进，同时可以和全世界的同事搭建网络，讨论共同感兴趣的事情，并且关注到商业机会。

——博客和微博、微信等可以帮助你建立一个网络社区。在这里你可以联系上潜在客户、现有客户，然后分享有趣的文章，交换图片、信息和具体的观点，讨论问题，进行提问并反馈。

总 结

今天我们探讨了通过建立网站来有效地参与网络沟通：你要了解你的目标，并且如何把这个目标转化到网站，以此实现目标。然后我们从不同方面探讨了如何为网站撰写文字，确保你的信息能够成功传递出来。

做一个高效的经理人，你会想通过社交媒体和潜在客户、现有客户进行沟通。如果你能思考哪个社交网络可以产生短期效益（传递信息）也可以产生长期效益（保持良好的客户关系），这样的思考就很有益处。

跟进练习：

1. 用 12 个单词总结你的网站的目标。

2. 现在想想你的网站多大限度上实现了这个目标。

3. 你会对网站做什么改变和维护，让它能够保持更新？

4. 你使用的社交媒体对你的职场工作有多少影响？

小测试

1. 你建立网站是：

a）一件奢侈的事 ☐

b）浪费时间和金钱 ☐

c）很重要的事 ☐

d）一件好事，如果你承担得起的话 ☐

2. 你的网站是你所在机构的：

a）展示橱窗 ☐

b）垃圾 ☐

c）印刷资料的呈现 ☐

d）技术部门的责任 ☐

3. 策划网站的第一件事是：

a）尽快开始撰写 ☐

b）组织网页 ☐

c）保持灵活性 ☐

d）了解你的目标 ☐

4. 在设计网页的时候，把文字放在：

a）委员会确定的位置 ☐

b）不要超过屏幕宽度的一半 ☐

c）和整个屏幕宽度一样 ☐

d）超过屏幕宽度 ☐

5. 了解用户如何使用网站这件事是：

a）很奢侈的 ☐

b）很重要的 ☐

c）浪费时间的 ☐

d）重要的，如果你有钱的话 ☐

6. 当在设计网页的时候：

a）使用非衬线字体以及很多标题 □

b）使用衬线字体以及很多标题 □

c）使用衬线字体，不要使用标题 □

d）使用非衬线字体，不要使用标题 □

7. 给每个网页取标题是：

a）没必要，用户可以自己看 □

b）如果你足够有创意的话就挺好的 □

c）重要的，要做的事情 □

d）太浮夸了，会占据很多空间 □

8. 你需要更新你的网站：

a）有规律的 □

b）从不 □

c）我们没有网站 □

d）我问问，我不太清楚 □

9. 给网站写完文字以后：

a）网站立即可以上线使用了 □

b）如果我们有时间的话，让同事检查一下 □

c）网站就崩溃了，我做错了什么？ □

d）检查文字信息，确保它们清楚、准确 □

10. 我在工作中使用社交网络：

a）为了逗乐 □

b）从不用 □

c）为了和潜在客户、现有客户进行沟通 □

d）把它当作商务沟通的唯一方法 □

逆境生存法则

在经济不景气的时候，良好的职场沟通就变得更加重要。比起那些没有意识的组织机构来说，能意识到“良好沟通是职场工作中重要组成部分”的组织往往更可能生存下来，并不断壮大。机构里重视沟通的管理者知道：好的工作关系会帮助企业提升士气，让机构运转更顺畅。不仅如此，良好的沟通还会获得更多的客户资源，不仅可以维护现有的客户，还能开发新的客户。作为经理人，你的角色就是要巩固良好的沟通。在支持团队的同时，你也是把信息传递到上层的渠道。以下是10个重要的建议，帮助你成为逆境中的高效沟通者：

1. 努力建立良好的商业关系

你得明白有时候更重要的是你认识谁，而不是你知道多少。好的人际网络以及时刻保持联系的圈子（包括面对面沟通和在线沟通）有时候甚至可能比你的资历和经验更有用。在现有的商业关系中，不管是正式场合还是非正式场合，都要努力培养信任感。

2. 时间就是金钱

要有所准备，保持清楚的沟通。检查你写的内容：事实要准确，语法和标点要正确，否则弥补错误的代价会太大。尽可能高效管理你的时间，让每一分钟都有价值。

3. 很好地倾听

倾听不仅代表你肯定别人、重视别人，而且也可以让你察觉出对方对于一个新观点有多高的接受度，然后你可以知道接下来要说什么。进一步说，通过倾听你可以了解新的行业趋势以及市场中潜在的空白。

4. 明确你的目标

对于你的邮件、报告、会议、演讲或者网站，都要目标明确。如果有必要的话，还要和同事进行讨论，不断提炼，最后让你自己可以用 12 个单词总结你的目标。

5. 了解你的听众

关注听众，而不是关注自己！对你要去沟通的对象你了解多少？对于你要沟通的内容他们了解多少？在你开始准备邮件、报告、演讲以及制作网站之前，你要站在受众的立场去思考。通过沟通，你希望达到什么目的？

6. 了解你所沟通的信息

想清楚你到底要说什么。然后努力找出核心信息，再把核心信息分解成几个部分。不论是谈话还是书写，对于同事可能提出的任何反对意见，你都要做好预测，提前做准备。

7. 要知道你想要什么反馈

无论是写邮件、写报告、做演讲、做网站还是开会，都要清楚你想获得什么反馈，下一步你想要大家做什么。你想要他们进行的下一步工作，要让大家觉得简单易懂。

8. 用多样化手段进行沟通

对于邮件、电话，或者面对面沟通，都要选择最好的沟通渠道。邮件是一个全能型媒介，但不是唯一的媒介。电话可以让你知道对方是否听懂你的信息，同时可以建立个人关系。如果你要解决难题，最好面对面沟通。不要完全依赖电子邮件，而是使用多元化的沟通方式。

9. 要有权威性、真实性、真诚感

做你自己。大家不是对你从书里读到的一些技巧进行反馈，而是需要与你进行互动。你对邮件、报告、会议、演讲、网站建设都有什么特殊贡献呢？

10. 花时间打磨你的措辞，要谨慎并且富有技巧性

要确保你的内容能够精准表达你想说的话，而且应该有逻辑顺序。不要放弃修改的想法或只是留下一个未修改的草稿。在发送以前，一定要检查并修改你的邮件和报告，同时还要检查语气和正式程度是否合适。

小测试答案

星期日：

1c; 2d; 3c; 4a; 5b; 6b; 7a; 8b; 9c; 10d.

星期一：

1c; 2d; 3b; 4a; 5b; 6c; 7d; 8c; 9c; 10a.

星期二：

1b; 2c; 3d; 4a; 5d; 6d; 7c; 8b; 9a; 10b.

星期三：

1d; 2d; 3b; 4a; 5c; 6b; 7a; 8d; 9c; 10c.

星期四：

1a; 2d; 3b; 4b; 5a; 6c; 7d; 8d; 9a; 10c.

星期五：

1b; 2c; 3d; 4d; 5a; 6c; 7b; 8b; 9a; 10d.

星期六：

1c; 2a; 3d; 4b; 5b; 6a; 7c; 8a; 9d; 10c.

图书在版编目（CIP）数据

职场沟通力 / ［英］马丁·曼瑟(Martin Manser)著；张思思译. —杭州：浙江大学出版社，2017.9

书名原文：Teach Yourself In A Week

ISBN 978-7-308-16946-2

Ⅰ. ①职… Ⅱ. ①马… ②张… Ⅲ. ①人际关系学 Ⅳ. ①C912.11

中国版本图书馆CIP数据核字(2017)第112257号

浙江省版权局著作权合同登记图字：11-2016-293

职场沟通力

［英］马丁·曼瑟（Martin Manser） 著 张思思 译

责任编辑 卢 川

特约编辑 王怡翾 赵 轩

责任校对 杨利军 於国娟

出版发行 浙江大学出版社

（杭州市天目山路148号 邮政编码 310007）

（网址：http://www.zjupress.com）

排 版 杭州林智广告有限公司

印 刷 杭州钱江彩色印务有限公司

开 本 787mm×1092mm 1/32

印 张 5.375

字 数 68千

版 印 次 2017年9月第1版 2017年9月第1次印刷

书 号 ISBN 978-7-308-16946-2

定 价 28.00元

浙江大学出版社发行中心联系方式：0571-88925591；http://zjdxcbs.tmall.com